기억을 담는 카페

- 말랑해지기 위한 몇 가지 레시피 -

책을 펴내며

 '말랑한 독서'는 2025년 1월에 탄생한 모임입니다. 독서모임을 통해 책을 꾸준히 읽을 수 있지 않을까 하는 단순한 생각에서 시작되었습니다.
 새해의 버킷리스트로 넣을 만큼 이루고 싶으면서도 이루기 어려운 것이 독서입니다. 그런 독서가 말랑하게 다가온다면 독서의 본질에 조금 더 다가갈 수 있을 것이라 기대하며 '말랑한 독서'라고 이름 지었습니다.

 독서모임은 진행자의 주도만으로 완벽한 모임이 되는 게 아니었습니다. 자신의 취향이 가득 담긴 책으로 자신의 세상을 보여주거나, 서로 다른 책 이야기를 하다가도 결국 하나의 주제가 되거나, 같은 책을 읽어도 다른 생각을 공유하게 되는 등 모임장인 제가 설정한 목적지와는 늘 다른 곳에 도착했습니다. 그렇지만 모로 가도 서울만 가면 된다는 말이 있습니다. 서울보다 더 좋은 '말랑한 어떤 곳'에 가니 또 그것대로 좋았습니다.
 모임이 있는 날은 100권의 책을 읽은 것보다 더 깊은 시간이 되고는 합니다. 모임에 참여하는 사람들이 한 권의 책과 같고, 읽는 내내 서로를 행복한 독자로 만들어줍니다.

  이렇게 모임을 하다 보니 저희 어머니가 해주신 말씀이 생각납니다. "세상에서 평범한 게 가장 어려운 것!"입니다. 사전을 찾아보면 '평범'의 뜻은 '뛰어나거나 색다른 점 없이 보통이다'라고 합니다. 눈에 띄게 뛰어나야 하고, 나의 색을 찾아 개성을 빛내야 하는 요즘입니다. 그래야 박수받고, 세간의 인정을 살 수 있습니다. 하지만 평범함은 생각보다 지킬 게 많고, 잃을 것도 많습니다. 마음, 자녀, 가정, 사랑처럼 소중한 것들은 평범함을 통해 지켜지고 있을지도 모릅니다. 무엇보다 평범하기 위해 애쓰는 날이 참 많습니다. 남들이 아니라고 할 때 똑같이 아니라고 말하는 날, 틀렸다고 생각하지만 옳다고 답하는 날. 그렇게 울부짖는 날들이 우리를 평범함이라는 울타리 안에서 소중한 것들을 지킬 수 있도록 해주니까요. 그래서 어쩌면 평범함이 더 값진 것일지 모르겠습니다. 한 가지 슬픈 사실은 우리는 이 값진 평범함을 쉽게 놓쳐버리기도 한다는 것입니다. 너무 흔해서. 매일 같이 반복돼서. 당연한 것이라고 생각돼서. 어쩌면 내 것이 아니라고 생각하고 싶어서일지도 모르겠습니다.

'말랑한 독서'는 그런 일상 속 평범함이자 특별함입니다. 평범한 노력이 모여 빛나는 곳이니까요. 평범함과 노력이 서로 모순적인 관계일지도 모르지만 평범함을 지키기 위해서 노력하는 사람들의 이야기에는 어딘가 특별함이 있을 거라 생각합니다. 모임에서 서로에게 들려주었던 소중하고 빛나는 이야기들. 그 이야기들을 모아 에세이집을 펴냅니다. 말랑한 작가 11명의 평범하면서도 특별한 내용이 담긴, 세상에서 가장 말랑한 이야기. 지금 시작합니다.

말랑한 독서 모임장 김현지

카페에 잘 오셨습니다.
어떤 메뉴를 주문하시겠어요?

읽는 Tip.
첫 장과 마지막 장은 독자가 글의 주인공이 되어보세요.

책을 펴내며 ---------------------------------- p.5

한 해를 마무리하며 ---------------------------- p.17
1월, 다시 나로 ------------------------------ p.23
2월, 의구심 --------------------------------- p.33
3월, 관계 속에 서는 연습 -------------------- p.43
4월, 일상의 쉼표 ---------------------------- p.53
5월, 스물세 번째 봄의 끝자락 ---------------- p.63
6월, 부재와 삶 ------------------------------ p.79
7월, 선물: 생명과 죽음의 교차 속에서 ------- p.97
8월, 덥고 습하고 그러나 무르익는 시간 ----- p.107
9월, 가을 하늘 태양은 맑다 ----------------- p.119
10월, 풍작이 아니어도 괜찮다 --------------- p.127
11월, 어둠과 빛 ----------------------------- p.137
12월, '나'의 이야기 ------------------------- p.149

한 해를 마무리하며

너무 사색에 빠진 나머지 손에서 찻잔이 미끄러질 뻔했다. 오늘은 휴일인데도 카페가 한가하다. 벽면이 온통 찻잔으로 가득한 이곳에는 홍차 향기가 은은하게 피어오른다. 테라스가 인접한 자리, 눈 오는 풍경을 즐기며 다 지나가는 올 한해 내가 무엇을 하며 보냈는지 떠올린다. 기뻤던 일, 슬펐던 일, 뿌듯한 일, 후회되는 일…. 여러 가지 일이 있었지만 특별히 괄목할 만한 무엇인가는 없다.

"디저트 서비스입니다."

사장님이 미소를 지으며 마카롱을 건넸다. 문득 항상 여유로운 웃음을 짓는 사장님의 비결이 궁금했다. 홍차 향기가 그렇게 만들어 주는 걸까?

"여기 오면 좋은 향이 나요. 이 향을 매일 맡으면 저도 사장님처럼 은은한 미소를 가지게 될지도 모른다는 생각이 드네요."

"이곳을 찾아오신 손님들의 이야기들이 하나하나 모여 그윽한 향취를 내어주니 저도 스며드나 봅니다. 말이 나온 김에 특별한 종류의 차가 있는데, 시음해 보시지 않겠어요?"

이렇게 답을 하시고는 몇 분 뒤, 공책과 12개의 작은 잔에 담긴 차를 가져오셨다. 손님들이 들려준 이야기들을 모티브로 하여 만들어진 차라고 한다. 1월부터 12월까지의 이름이 붙은 차는 각각 내용에 따라 맛도 다르다고 한다. 사장님은 차에 얽힌 사람들의 이야기를 해주시겠다며 내 앞에 자리하셨다.

30년간 찻집을 운영하며 수많은 손님이 찾아온 만큼 손님들이 가지고 온 각자의 이야기도 다채로웠다. 그중 몇몇은 사장님이 자신의 공책에 적어놓았다가 레시피로 만들었다. 차에서 느껴지는 맛은 각각의 스토리가 주는 대표적인 느낌을 살린 것이다. 어떤 건 달콤한 맛, 어떤 건 상큼한 맛, 그리고 어떤 건 약간 떫은 맛.

조금 특이한 차는 12월이다. 홍차도 녹차도 아닌 투명한 색으로 되어 있다. 아무 색도 없는 것은 어떤 맛일지 궁금해 그것부터 마셔보려고 하였으나 사장님이 말렸다. 맨 마지막에 마셔야 1월부터 11월까지의 차와 조합이 어울리며 더욱 풍미가 살아난다는 것이다.

1월부터 11월까지의 이야기를 마신 뒤 시음하는 12월은 어떤 향취가 날까. 내게 펼쳐질 열두 달의 서사는 어떤 내용과 감정, 분위기를 담고 있을까. 설레는 마음으로 1월의 차를 마시기 위해 찻잔을 들자, 사장님은 소중한 것을 다루듯 살포시 이야기 공책을 펼치며 눈을 반짝이셨다.

1월, 다시 나로

최시만

간호학을 배우며, 병동 실습과 봉사를 통해
삶의 결을 가까이 마주합니다. 남들과 끝없는 비교 속에서
흔들렸지만, 결국은 나답게 성장하고자 글을 쓰기 시작했습니다.
1월의 글은 두려움과 설렘이 공존하는 길 위에서,
다시 마음을 다잡고 나아가려는 다짐의 기록입니다.

새해가 시작되면 사람들은 새로운 다짐을 세우고는 한다. 나도 달라지고 싶었다. 그러나 마음은 여전히 작년의 그림자 속에 머물러 있었다. 그렇게 나의 1월은 시작되었다.

나는 제대로 된 '성공'을 해본 적이 없다. 수능도, 재수도, 편입도. 모든 결과가 '최선'이라기보다 '차선' 혹은 '차악'이었다.

"야, 넌 진짜 열심히 산다. 그건 내가 인정해."
어느 날 친구가 한 말이었다. 고마웠다. 정말 고마웠는데, 이상하게도 속이 쓰렸다. 열심히 했지만 늘 결과는 빗나갔다는 사실이 다시 떠올랐기 때문이다.
며칠 뒤, 도서관에서 공부하다가 문득 멈췄다. 아무 글자도 눈에 들어오지 않았고, 펜을 쥔 손에 힘이 빠졌다. 머릿속에서 똑같은 문장만 반복되고 있었다.
'어차피 안 될 걸 알면서, 왜 또 이러고 있는 거지?'
참고서 한 권, 강의 영상 하나, 모든 게 갑자기 멀어졌다. 멀쩡히 앉아 있지만 마음은 무너져 있었고, 눈물이 나올까 봐 억지로 고개를 들었다.

며칠 뒤, 다른 친구에게서 우연히 들었다.

"쟤는 열심히는 하는데…, 결과가 안 따라주는 거 같지 않아? 좀 안쓰럽긴 해."

그 말이 내 머릿속에서 떠나질 않았다. 나는 노력하는 사람이지, 잘하는 사람이 아니구나. 그 자조감은 나를 더 깊은 곳으로 끌고 갔다.

SNS 속 친구들의 빛나는 모습은 더 큰 괴리감을 주었다. 자격증, 공모전, 좋은 기업, 해외 경험…. 모두가 평범한 일처럼 이야기했지만, 나에겐 한참 먼 이야기였다. 그래서 나는 스스로가 점점 작아진다고 느꼈다.

"오늘 하루만 어떻게든 넘기자. 남들처럼 보이기라도 하자."

겉으로는 아무렇지 않은 척, 마음속은 점점 무너졌다.

대학교 재수와 군대. 그로 인해 또래보다 늦어진 나이. 주변에서는 하나둘 취업 소식이 들려왔고, 현실적인 돈의 압박도 점점 크게 다가왔다. 세상은 나를 앞으로 밀어붙였지만, 정작 내 마음은 그 자리에 주저앉아 있었다.

어떤 행동을 하더라도 이렇게 하는 게 맞는 걸까, 내가 틀린 건 아닐까 하며 나를 믿지 못했다. 그래서 휴학이 하고 싶었다. 아니, 해야만 할 것 같았다.

더 이상 끌려가기만 해서는 안 될 것 같았다. 하지만 동시에, '이렇게 늦은 내가 또 멈추면 정말 끝나는 건 아닐까'라는 두려움 또한 나를 붙잡고 있었다.

그 불안과 고민의 시작에는 형이 있었다. 어릴 적부터 형은 무엇이든 나보다 먼저 해냈다. 그리고 이번에는 취업까지 먼저 했다. 형이 나보다 먼저 어른이 되어가는 모습을 보면서, 나는 스스로를 형과 계속 비교했다.

'왜 나는 아직도 제자리일까?'라는 생각이 마음 한쪽을 짓눌렀다. 형이 잘못한 건 아니었다. 하지만 나에게는 형의 성취가 나 자신의 부족함을 비추는 거울처럼 느껴졌다.

그동안 나는 스스로의 실패를 자책하며, 누구에게 인정받는 일도 드물었다. 형과 비교하며 느낀 열등감은 단순한 질투가 아니라, 나 자신을 제대로 바라보고 싶은 마음과 연결되어 있었다. 형이 달성한 일들이 내게는 늘 부러움과 동시에 초라함으로 다가왔던 이유는, 나 자신이 그만큼 내 성취를 인정하지 못했기 때문이다.

휴학을 선택하게 된 이유는 결국 여기에 있었다. 나만의 시간을 가져야 했고, 스스로 삶의 방향을 선택할 수 있어야 했다. 형과 비교하면서 느낀 초라함과 열등감이 아니라, 그 경험을 계기로 내가 진짜 원하는 길을 찾고 싶었다. 더는 다른 사람의 기준에 끌려다니지 않고, 나만의 속도로 나아가고 싶었다.

 현실은 날 가만두지 않았다. 계속되는 취업 시장의 압박, 돈에 대한 불안, 부모님의 묘한 시선. 그게 더 아팠다. 휴학을 하면 또 늦어지겠지, 지금보다 더 초라해지는 건 아닐까. 아냐, 지금은 뭔가를 바꿔야 해. 더는 이렇게 살 수는 없어. 하지만 동시에, 이번에도 아무것도 바꾸지 못하면, 실패가 나를 다시 덮칠 거라는 두려움 또한 들었다.
 그러던 어느 날, 별거 아닌 일로 엄마와 통화를 하던 중이었다. 평소처럼 '응, 알았어', '밥 먹었어?' 같은 무의미한 말들만 오가던 그 통화의 끝에, 엄마가 잠깐 침묵하더니 말했다.
 "넌, 그래도…, 우리한텐 자랑스러운 아들이야."
 처음엔 잘못 들은 줄 알았다. 그 말이 어울리지 않는다고 느꼈으니까. 나는 지금까지 실패한 기억밖에 없는데. 성공도 못 해봤고, 누구한테 내세울 것도 없고, 형처럼 똑부러진 것도 아니고, 아무것도 없는데. 그 말은 너무 따뜻해서, 그래서 더 낯설었다. 나는 그동안 그런 말을 들을 자격이 없다고 생각했기 때문에 그 말 한마디가 마음을 덜컥 무너뜨렸다.

아직, 무너졌던 마음이 완전히 회복된 건 아니었다. 하지만 '나는 안 될 거야'라고 매일 되뇌던 속삭임이 조금은 조용해졌다. 처음으로, 아주 작게라도 '다시 해볼 수 있을까?'라는 질문이 마음에 들어왔다.

결국, 휴학을 선택했다. 누군가 확신을 준 것도 아니고, 내 안의 불안이 사라진 것도 아니었다. 사실 그날 이후로도 밤마다 같은 고민을 되풀이했다. 하지만 동시에 이런 생각도 들었다.

'이번에도 도망치면 난 평생 나를 못 믿을 거야.'

지금까지의 삶이 틀어졌다는 자책 속에서도 이번만큼은 그냥 흘러가지 않기를 바랐다. 내가 진짜 두려워하는 건 '늦어지는 것'이 아니라, '아무것도 시도하지 않고 계속 그 자리에 머무는 나'라는 걸.

휴학을 한다고 해서 갑자기 삶이 달라지는 건 아니다. 내가 처한 현실은 그대로, 나를 둘러싼 시선도 그대로다. 그럼에도 불구하고 이 선택을 한 이유는, 처음으로 내 삶의 방향을 내 손으로 잡아보고 싶었기 때문이다. 누군가 짜준 시간표도 아니고, 주변의 기대도 아닌, 오롯이 '내가 선택한 내 시간'을 살고 싶었다.

물론, 지금도 여전히 무섭다. 휴학 기간 아무 성과도 없으면 어쩌지, 다시 스스로를 실망시키면 어쩌지…. 그때는 정말 회복할 수 없을지도 모른다는 공포. 그만큼 이 선택에는 두려움보다 더 큰 간절함이 담겨 있었다.

 언제부터 우리는 선택에 '확신'이 필요하다고 믿게 된 걸까. 완벽한 준비가 되어야만, 무언가를 시작할 수 있다는.
 지금의 나는 단 하나의 약속만 할 수 있다. 비록 흔들릴지언정, 이번만큼은 나를 믿어보기로 했다는 약속.
 이건 도망이 아니다. 도전이라고 말하기엔 아직 작지만, 그저 멈추지 않겠다는 마음 하나로 내딛는 아주 작은 시작이다. 그리고 어쩌면 모든 시작은 그렇게 두려움과 설렘을 동시에 안고 오는지도 모른다.

 지금은 겨울, 세상을 덮은 하얀 눈 위에 아무도 남기지 않은 흔적처럼 고요하다. 하지만 나는 그 위에 발자국을 남기겠다. 천천히, 나만의 속도로, 때로는 넘어지기도 하면서도, 누구도 대신 걸어줄 수 없는 길 위에 나의 흔적을 새기겠다.

 1월의 한복판에서, 나는 이제 '누구도 아닌 나'로

살아간다. 이 눈 위에 남는 발자국처럼, 나의 시간과 선택도 언젠가 누군가의 눈에 스며들기를 바라며.

2월, 의구심

강병진
현재 경기도에서 근무하고 있는 특별해지고 싶지만
그저 평범한 직장인입니다. 의구심을 통해 삶을 조금이라도
특별하게 만들 수 있을까요? 제 글을 읽으실 분들이
함께 고민해보면 좋을 것 같습니다.

한때 남들이 대수롭지 않게 넘기는 것들에 '왜 그럴까?'하고 자주 의구심을 가지곤 했다. 마치 그런 문제들에 대해 다수의 평범한 사람들은 생각하지 못했던 것처럼 특별한 관점을 가진 사람, 더 나아가서는 스스로를 세상을 바꿀 수 있는 사람쯤 된다고 생각했던 것 같다. 도스토예프스키의 소설 '죄와 벌' 속 라스콜니코프처럼, 나 역시 자신을 남들과는 다른 '비범인(非凡人)'이라 여겼던 것이다. 하지만 다른 한편으로는, 이미 많은 이들이 고민 끝에 어느 정도 자신만의 답을 얻은 문제 앞에서 유난을 떨고 있는 것은 아닌가 싶기도 했다.

지금은 2월이다. 한 해가 마무리되고 1월이 되면 한 살 더 먹었다는 것이 실감이 가질 않는다. 그러다 2월이 되면 어느 정도 새해를 체감하며, 적응하려고 노력한다. 작년 2월 경에 새로운 회사 생활을 시작하며 본가를 떠나 다른 도시로 이사한 지도 1년이 다 되어 간다. 나름 적응은 했지만, 아직 여러 생각이 정돈되지 않은 채 혼란스러운 상태다.

피아노를 배우기 시작한 것도 새로운 일을 시작한 시기와 맞물린다. 변화 속에서 나를 다잡기 위한 시도였고, 노력한 만큼 성과가 나타나는 취미라 내 가치관과도 맞았다. 체계적으로 차근차근 배워나가며 나중에 어려운 곡을 멋있게 연주하는 나 자신을 상상하는 것만으로도 공허함을 채워주는 듯했다. 하지만 시간이 지나며 새로운 고민이 생겨나고, 고질적인 고민과 새로운 고민이 뒤섞이며 또 다른 혼돈이 찾아오는 듯했다. 특히 혼자 있는 시간이 많아지며 그런 경향은 더 심해졌다.

누군가 말한 적이 있다. "과거는 고통이고, 미래는 불안이다. 현재에 집중할수록 행복은 가까워진다." 공감하지만, 현실은 그렇게 단순하지 않다. 내 안의 과거와 미래는 현재에 뿌리 깊게 얽혀 있고, 그 혼재 속에서 불안과 스트레스는 쉽게 사라지지 않는다.

출근 후 업무에 몰두하면 생각은 잠시 멀어진다. 내가 맡은 일은 토지 보상 관련 행정 절차에 따라 수행하는 업무다. 법령과 판례를 참고해 민원을 처리하고, 감정평가나 등기, 공탁 등 전문적인 분야는 외부에 위탁한다. 협력업체와의 업무 조율도 필요하고, 여러 사업을 동시에 관리해야 하니 적지 않은 업무량에 시달린다.

게다가 회사의 오래된 관행 속에서 여전히 굳건히 자리하고 있는 불합리함과 비효율적인 방식도 체감 업무량이 많다고 느끼는 요인 중에 하나다. 예를 들어 내부 소프트웨어와 공용 폴더를 함께 사용하지만, 사업별로 폴더 양식이 통일되지 않아 다른 사람의 자료를 활용할 때 업무 처리에 지연이 생기는 경우가 많다. 또한 행정 절차는 정해져 있으나, 각 단계에서 무엇을 해야 하는지 구체적인 지침이 없어 스스로 배우며 정리해야 하는 상황도 잦다. 이처럼 기본적인 체계가 부족해 불필요한 비효율이 반복되는 모습을 보면서, 나는 늘 "왜 이런 문제들이 지금까지 개선되지 않았을까?"라는 의구심을 가지게 되었다.

나는 우리 회사가 보상 전문 기관으로서 더 체계적인 업무 방식을 갖출 필요가 있다고 생각했다. 특히 신입이나 신규 전입자가 쉽게 적응할 수 있도록 업무 과정을 정리해야 한다고 주장했지만, 주변의 반응은 달랐다. "회사는 학교가 아니다"라거나 "돈을 받으면 프로다"라는 말을 들어야 했다. 하지만 나는 이런 주장에 쉽게 동의할 수 없었고, 오히려 왜 이런 구태의연한 태도를 고수하려 하는지 의구심이 들었다. 그러나 현실의 바쁜 업무 속에서 더 이상 문제를 깊이 고민할 여유는 없었다. 아무튼 이런 고민을 뒤로하고, 월요일이니 일찍 퇴근하기로 했다.

퇴근길, 요즘은 일이 바빠져서 가는 빈도가 줄었지만, 시간이 나면 어김없이 피아노 학원으로 향한다. 처음 몇 달간은 기본기를 배우며 차근차근 연습곡을 익혔다. 그런데 4개월쯤 지나자, 점점 체계는 사라지고 곡 선택도 내 몫이 되었다. 하고 싶은 곡을 말하면, 가능한 범위 안에서 연습을 시켜주는 방식. 언뜻 자유로운 것 같지만, 초보자인 나에게는 오히려 막막했다. 스스로도 체계적인 훈련이 필요한 시점이라 느꼈고, 학원 방식에 대해 의문이 들기 시작했다.

물론, 이 방식이 많은 사람의 요구를 반영한 결과일 수도 있다. 성인으로서의 시간적인 한계 때문에 혹은 성인 학습자의 자율성을 존중하기 위한 것일 수도 있다. 하지만 스스로 선택할 수 있는 역량을 쌓은 이후에 그러한 자율성을 보장해줘도 될 것 같기도 하다. 체계적으로 기본기를 꾸준히 쌓아야 더욱 고급 곡을 제대로 연주할 수 있을 것이다.

조금 더 주도적으로 원하는 바를 말했어야 했나 생각이 들기도 했지만, 지나친 의견 피력은 성인 취미를 위한 피아노 학원으로서의 한계를 고려하지 못하는 측면이 있다고 생각하니 선뜻 원하는 바를 모두 말하는 건 아니라는 생각이 들기도 했다.

그렇게 의구심은 쌓여만 갔다.

의구심은 때로 취미에 대한 회의로 번졌다. 피아노는 반복되는 업무에서 벗어나 스트레스를 풀기 위한 수단이었다. 그런데 어느새 회사 업무처럼 '이게 맞는 걸까?'를 고민하며 스트레스를 받는 나를 발견하게 됐다. 이러려고 취미를 시작한 건 아닐 텐데 말이다.

다음 날이 되었다. 업무는 끊임없이 생겨나고, 전화는 계속 울린다. 중요한 일을 하다가도 급한 업무 처리나 민원이 생기면 우선순위를 바꿔야 한다. 그렇게 하루하루가 반복된다. 시간이 지나면 요령이 생길 줄 알았지만, 어느 정도 익숙해질 만하면 더 많은 일을 맡게 되면서 다시 처음으로 돌아간 기분이 든다.

그러던 어느 날 의구심이 불만 표출로 이어진 일이 발생했다. 우리 부서가 부서 평가에서 최하위 점수를 받은 것이다. 인력 대비 업무량이 많은 부서임에도 수익이 낮다는 이유였다. 나는 그동안 누적된 불합리와 비효율이 이러한 결과로 나타났다고 느꼈다.

마침 공익보상 업무에 연차가 적은 직원을 위한 연수가 열렸고, 연수 일정 중에 본사 처장님, 부장님들과 대화하는 간담회가 열렸다. 나는 그 자리에서 그동안 느꼈던 비효율적이고 불합리한 문제들에 대해 지적하며 개선 방안을 제안했다. 이러한 문제들이 개선되면 우리 부서의 평가나 낮게 나와도 납득할 수 있을 것이라는 생각에서였다. 하지만 내 발언은 격정적이었고, 처장님과 부장님들의 표정은 점점 어두워졌다.

  간담회 후 이어진 교육 시간, 선배는 "하고 싶은 말을 다 하는 게 능사는 아니다"라며 타이르고, 동기들은 하고 싶은 말이 있더라도 중간 과정을 거치거나 어느 정도 선은 지켜야 한다고 조언했다. 그들의 말도 일리는 있었다. 실질적인 변화는 제도와 구조 안에서 가능하다는 현실도 받아들여야 한다는 것도 느꼈다. 하지만 나는 여전히 조직이 유연해질 필요가 있다고 생각했다.

  1박 2일의 연수 이후 다시 일상으로 돌아왔다. 여전히 많은 일을 감당하고 있다고 느꼈지만, 동료들의 도움 속에서 맡은 바를 해냈다.

  얼마 지나 내 밑에 후임이 들어와 업무를 가르치게 되었다. 신입 시절을 떠올리니 도움을 주고 싶었지만, 나 역시 내 일에 치여 쉽지 않았다. 그러다 보니 입사 초기, 아직 업무가 익숙하지 않았던 때가 문득 떠올랐다. 기한 안에 많은 일을 처리해야 했지만, 업무의 양이나 소요 시간을 가늠하지 못했을 뿐 아니라 처리 방식도 잘 몰라 하나하나 배워가며 해야 했고, 결국 마감에 쫓기며 힘들어하던 시절이었다. 그때 멘토였던 과장님께서 늦은 밤까지 남아 내 옆에서 함께 내가 해야 할 일을 도와주셨다.

그 경험은 내게 큰 위로가 되었고, 스스로 많은 것을 느낄 수 있었다. 만약 업무가 체계적으로 정리되어 있었다면 혼자서도 감당할 수 있었겠지만, 부족한 체계는 결국 동료의 도움과 연대로 극복할 수 있었다. 그래서 후임을 가르치게 되었을 때, 완벽할 수는 없지만 서로 돕고 부족한 부분을 메워가며 더 나아가는 것이 중요하다는 생각이 자리 잡게 되었다.

물론 회사 시스템에서 여전히 개선이 필요한 부분은 많을 것이다. 하지만 지금 내 위치에서 중요한 것은 불합리함을 탓하기보다, 여러 사람과 능동적으로 소통하며 함께 방법을 찾아가는 일이라 생각한다. 그렇게 서로 돕고 관계를 쌓아가는 과정 속에서 문제 해결의 실마리를 찾을 수 있을 것이다.

나름의 결론을 얻게 된 2월의 마지막 날, 아직도 나는 많은 의구심을 품은 채 살아가지만, 그 의구심을 긍정적인 방향으로 활용하고자 하는 마음가짐이 스스로를 성장시키고, 특별한 사람으로 만들 수 있는 자양분이 될 거라고 믿는다.

3월, 관계 속에 서는 연습

박교은
한국의 수출 길 위에서 작은 힘을 보태며 하루를 쌓아가는
직장인입니다. 관계 속에서 흔들리며 배우고,
혼자 있는 시간 속에서 단단해진 여정을 담았습니다.
각자의 자리에서 견뎌낸 시간만으로도
조금씩 성장하고 있음을 믿으며, 오늘도 나아가시길 바랍니다.

"좋은 게 좋은 거지"

10대 때에는 항상 그런 생각으로 손해 좀 보더라도 괜한 분란을 만들지 않도록 늘 조심했다.

그러나 그렇게 쌓아 올린 관계는, 언제 끊어져도 이상하지 않을 만큼 허술했다. 기분이 좀 나쁜 일이 생겨도 끝내 솔직하게 말하지 못했다.

말을 아끼고 조심하는 게 상책이라는 생각이 들다가도 가끔은 숨 막히는 것처럼 느껴졌다. 그럴 때면 관계가 저만치 멀게만 느껴졌다.

3월이면 어김없이 새로운 반, 새로운 관계들 사이에서 외톨이가 될까 봐 괜히 마음이 조급해졌다. 그래서 더 빠르고 얕게 친구들과 엮이곤 했다.

누구에게도 미움받지 않기 위해 나를 꾹꾹 눌렀고, 그렇게 겨우 얻어낸 관계에 집착했다.

고등학생 때에는 소외되지 않기 위해 친구들 사이에서 나는 어떤 모습이어야 할지를 끊임없이 연구했다. 농담과 과장된 리액션으로 반 친구들을 웃게 만들며 '재밌는 아이'로 자리 잡았지만, 농담에 대한 반응이 시들해지면 곧 존재 가치가 사라지는 것만 같아 늘 불안했다.

그러던 어느 날, 가장 친하다고 생각했던 친구가 다른 친구에게 나에 대해 말하는 것을 듣고 말았다.

"박교은 걔는 내가 자기 엄마인 줄 아나 봐. 내 눈치를 그렇게 봐, 진짜 이해가 안 돼."

그 순간 느낀 건 좌절이나 서운함보다도, 관계 속에서 제힘으로 서지 못하는 내 모습에 대한 깊은 부끄러움이었다. 참 불안했던 시절이었다.

그 불안은, 시간이 흐를수록 더 깊어졌고 그 정점은 대학생이 된 이후에 극에 달했다.

수능이 끝나고, 바로 다음 날부터 대학교에 갈 것처럼 하루하루가 들떴다. 가장 기대가 되었던 건, 학과 점퍼를 입고 같은 학과 친구들과 캠퍼스를 누비는 내 모습이었다. 코로나가 그 기대를 잠시 주춤하게 했지만, 부푼 마음으로 들어간 대학교에서의 생활은 모든 게 재미있고 새로웠다. 수업이 끝나면 자연스레 따라가는 술자리, 하루라도 빠지면 소외될까 봐 끝까지 남아있던 크고 작은 모임들, 사람이 있는 곳이라면 모두 내 자리였다.

게다가 하고 싶은 것도 참 많았다. 두 차례 해외 실습과 동아리 회장, 학과 멘토, 대외 활동 팀장, 복수전공, 자격증, 어학 공부까지. 그 모든 것들을 한

해에 해내면서도, 더 지독하게 '관계'에 공을 들였다.

그러나 아무리 체력 좋은 이십 대 초반이라도, 그렇게 긴 시간을 버티기는 어려웠다. 가장 힘들었던 건 도무지 끝날 것 같지 않던 일도, 밤을 새워 잠을 못 자는 일도 아니었다. 끝없이 애써도 끝내 어떤 이유로든 멀어지는 사람들이 있었다. 붙잡지 않으면 안 될 것 같은 불안과 붙잡아도 붙잡히지 않는 허망함 사이에서, 조금씩 마음의 균열이 생기기 시작했다.

3학년이 끝나갈 무렵, 남은 체력과 정신력은 그저 눈앞에 놓인 일들과 공부를 마무리하는 데 쓸 수 있을 뿐이었다.

결국 휴학을 결정했다. 쉬는 동안 빗장 문을 걸어 잠그고 사람 만나는 일을 대폭 줄였다. 오로지 나의 생활에만 집중했다.

그러다 맞이한 또 한 번의 3월.

동기들은 개강해 학교로 향했고, 나는 집에 남았다. 그 시간이 처음엔 꽤 낯설고 어색했다. 어딘가 도태되는 느낌에 조급해지기도 했고, 그래서 어떻게든 움직이려 했다. 처음으로 돈을 벌어보기 시작했다. 아르바이트 후 남은 시간엔 취업에 도움이 될 만한 자격증 공부를 했다.

 사람을 만날 시간 없이 오롯이 하루를 '나의 선택'으로만 채웠다. 그렇게 홀로 시간을 보내다 너무 지루하거나 여러 이유로 무기력감에 빠져들면 자전거를 타고 공원을 한 바퀴 돌거나 혼자 노래방에 가서 노래도 부르며 기분을 달랬다. 그러면서 차츰 감정을 스스로 해소하고 돌보는 방법을 알아가기 시작했다. 누군가와 함께 있지 않아도 괜찮다고 느끼는 시간이 점점 늘어났다. 그리고 그 시간이 이전과는 다른 나를 만들었다고 실감했던 때가 있었다.

 조금씩 사람을 만날 기운을 가다듬고 있던 그해 여름이었다. 우연한 기회로 봉사 센터에서 인턴으로 근무하게 되었고, 섬마을에서 센터장님과 일주일간 스무 명의 봉사자를 인솔하는 일을 맡게 되었다.

 그러던 어느 날, 젊은 청년들을 예쁘게 봐주신 섬마을 어르신들을 위해 롤링페이퍼를 작성하던 중이었다. 봉사자들 서로 간에도 작성하라는 센터장님의 추가 지시를 내가 제대로 알아듣지 못했다. 안 그래도 더운 날씨에 이해하지 못하고 되묻는 내가 답답하셨는지 봉사자 전원이 모인 자리에서 전달하려던 종이 꾸러미를 책상에 탁 던지고는

 "아, 이해를 못 해!"라고 소리치며 문을 박차고 나

가버리셨다.

당황한 나는 그대로 굳은 채 서 있다가 이내 웅성이는 봉사자들을 진정시키고 상황을 수습했다.

그 일이 지나고 한 달쯤 뒤, 뒤풀이 자리에서 분위기가 무르익고 다들 자리를 비울 때 나는 마주 앉은 센터장님께 조심스레 말을 꺼냈다.

"그날 저에게 소리치셨을 때 솔직히 좀 당황스럽고 이해가 되지 않았습니다, 답답하셨더라도 많은 사람 앞에서 그렇게 화를 내셨어야만 했는지요…."

잘잘못을 가려 얼굴을 붉히자는 것이 아니었기에 공손하게 말씀드렸다.

하지만 센터장님의 대답은,

"원래 가족 같고 편한 사이일수록 그런 말 살갑게 못 하는 거야. 남보다 더 편한 사이고 그러니까 그렇게 화도 낼 수 있는 거고. 교은이 아버지도 그렇지 않아?"

처음엔 어쩔 수 없다는 듯 넘기려다, 아버지 얘기에 멈칫했다. 도를 넘은 이야기에 순간 욱하는 감정이 들었다가 이내 차분하게 마음을 먹었다.

그리고 그날, 나는 처음으로 누군가에게 떨리는 마음 없이 똑바로 눈을 마주 보고 말했다.

"아니요, 저희 아버지는 단 한 번도 남 앞에서 저

에게 그렇게 화내신 적 없습니다."

이미 웃음을 잃은 나의 표정을 보고 당황하여 횡설수설 끝에 미안하다는 말씀을 하셨다.

그 일이 있고, 나는 한치의 미련 없이 그곳을 떠났다. 그리고 복학하기까지 다시 혼자 시간을 보냈다.

그때 나는 알았다. 예전 같았으면 아무런 말도 못한 채 상처만 끌어안고 있었겠지만, 이제는 내가 스스로의 편에 설 수 있는 사람이 되었다는 걸.

다시 학교에서 맞이한 3월.

휴학하지 않고 먼저 졸업한 동기들이 대부분이었기에, 함께 수업을 듣거나 밥을 먹을 친구는 없었다. 그러나 혼자 수업을 듣고, 혼자 밥을 먹고, 공강 시간엔 도서관에서 시간을 보내는 게 불편하지 않았다.

문득 혼자 학교 다니는 게 외롭다는 생각이 들 때면 더더욱 취업 준비에 전념하였고, 그런 끝에 대학교 졸업 전 꽤 규모 있는 기업에 취업할 수 있었다.

사실 10대 시절의 나와 지금의 나는 변함없이 여전히 관계가 참 어렵다. 상대에게 얼마나 맞춰야 하는지, 어느 정도 선을 유지해야 하는지 헷갈릴 때가 더 많고 그런 서툶은 때로 실수를 만들고 마음의 골을 남긴다.

그럼에도 분명히 달라진 것들이 있다. 이제는 내가 쌓아온 내면의 힘을 믿는다. 혼자 있는 시간 동안 나를 돌보고, 감정을 스스로 다스리고, 낯선 상황 속에서 나름의 의미를 찾아낸 수많은 순간이 조금씩 나를 단단하게 만들어 주었음을 알고 있기 때문이다.

차곡차곡 쌓아온 내면의 힘이 지금은 한결 편하게 관계를 맺으며 살아갈 수 있게 하는 원동력이 되었다.

그리고 돌아보면, 그 원동력은 고통의 시간을 지나오며 여러 시행착오를 통해 길러진 것들이다. 불안, 두려움, 외로움, 상처조차도 결국은 내가 더 단단해지기 위한 자양분이 되어주었다. 원하는 상태에 이르기 위해서는 언제나 크고 작은 어려움을 견뎌내야 했고, 받아들여야만 했다. 그리고 잘 보내주어야 한다. 피해의식으로 뒤틀려진 내가 아니라 매 순간을 온전히 즐길 수 있는 내가 되기 위해.

매년 3월마다 혼자가 되고 싶지 않아 친구를 사귀려 치열하게 애쓰던 어린 시절의 나를 이 글을 빌려 다정하게 잘 보내주고 싶다.

그 시간이 있었기에 지금의 내가 단단해질 수 있었고, 무엇보다 상처를 상처로만 남기지 않아 고맙다는 말을 함께 전하며.

그대들의 3월은 어떠했는지.

4월, 일상의 쉼표

박지혜
일기장을 어느 것보다 소중하게 여기는 2년 차 은행원입니다.
4월의 글에는 출퇴근하며 느낀 감상들과
매일을 살게 하는 것들을 담았습니다. 평범한 일상 속에서
좋아하는 것이 갖는 힘을 느끼셨으면 좋겠습니다.

4월이다. 올해도 어느새 3분의 1이 넘게 흘렀지만, 괜히 새해 다짐을 적은 일기장을 들춰본다.

 시간이 빨리 간다고 슬퍼할 틈도 없이 유난히 올해는 정신이 없었다. 무언가에 깊게 마음을 쓰는 일도, 집중하는 것조차도 시간 낭비라고 느껴질 만큼.

 나이가 들면 들수록 시간은 더 빨리 흐른다는데, 벌써 이 속도라면 어쩌지? 하루라도 더 붙잡아 두기 위해서 오늘도 일기장에 빼곡히 회고한다.

 꽃이 피고 푸르른 4월. 빨간 꽃 노란 꽃 꽃밭 가득 피어도…. 계절에 상관없이 출근은 해야 한다.

 '알람은 자고로 기본 5개는 있어야지.'

 그리고 첫 번째, 두 번째 알람은 가볍게 무시하고 세 번째 알람이 울려서야 겨우 눈을 뜬다. 예약한 버스를 제시간에 타려면 서둘려야 한다. 꾸벅꾸벅 졸다 보니 도착한 환승역, 사당역.

 사당역은 수원과 경기 남부에서 서울로 가기 위한 중요한 관문 중 하나다. 환승역에서 나오는 무수한 사람들, 바쁘게 오가는 발걸음 속에서 내 마음은 잠시나마 여유를 찾을 수 있을까 싶다. 길게 늘어선 광역버스 대기 줄을 보면 잠실의 롯데타워나 남산타워, 명동거리 등을 제치고 바로 이곳이 서울의 랜드마크처럼 느껴지기도 한다. 그 풍경은 늘 신기하다.

　오늘도 사람이 많다. 유난히 월요일이 막히는 것은 왜일까? 봄에도 이렇게 힘든데 여름이 오면 어떻게 될까? 생각만 해도 아찔하다. 환승 개찰구를 통과하고 탑승구를 슥 쳐다본다. 대여섯 명의 사람들의 빼곡하게 서 있다. 나도 모르게 눈을 질끈 감는다. 옆 사람의 온기가 느껴질 때마다 나도 모르게 한 번 더 눈을 질끈 감는다. 제때 오면 그나마 다행이지, 고장이 나거나 지연이라도 생긴 날에는 각자도생해야 한다. 그래도 택시로 몇만 원 쓰고 시작하는 하루보단 훨씬 낫다.
　타고 내리는 사람들에 이리저리 치이다 보면 나도 모르게 회사에 도착한다. 사실 출근길이 험난한 날에는 회사에 도착한 것만으로도 대단한 일을 해냈다는 생각에 괜히 뿌듯하다.
　출근길과 마찬가지로 퇴근길도 전쟁터다. 특히 사당역 4번 출구는 '死당역 死번 출구'가 아닐까 싶을 정도로 퇴근길에 진풍경을 자아낸다. 월-목요일에는 그나마 나은데, 금요일에는 회식이라도 했는지 술에 취한 듯 비틀비틀 걸어 다니는 사람도 종종 마주친다.

출구에 내리자마자 줄을 본 후 '오늘은 몇 대를 보내야 탈 수 있을까?' 생각한다. 사당역 통근 7년 차로 살면서 대충 보면 답이 나온다. 퇴근 시간에는 정말 비엔나 소시지 마냥 연속으로 버스가 온다. 참 사당에는 재미있는 광경이 많다.

퇴근하고 쓰러지듯 침대에 누웠다. 놀랍게도 손 하나 들어 인스타그램 릴스를 넘길 힘만 있다. 잔잔했던 일상을 뒤로하고 도파민을 충전한다.

요즘 들어 퇴근하고 잡생각이 많아졌다. 생각을 줄이기 위해 매일 일기를 쓰고 있지만, 오히려 일기를 쓰며 파생되는 잡생각이 늘었다. 좋은 건지 안 좋은 건지 이젠 모르겠다.

'앞으로 이 일을 30년 한다면?'

제일 좋은 것은 생각 없이 사는 것이겠지만, 생각을 끊기는 힘들다. 한편으로는 내가 불안정한 상태를 즐기는 걸지도 모른다는 생각을 한다. 그렇게 바랐던 불안이 끝나도 나는 어느샌가 또 다른 불안을 찾아 나서고 있다. 이 생활에 안정감을 느끼면 나는 고민하지 않고 새로운 불안을 찾아 떠날 것이다.

그렇게 반복되는 일상이 지루하다고 느껴질 때마다 어김없이 발걸음은 공연장으로 향한다. 유난히 여름이 빠른 올해다. '4월부터 여름'이라는 말들이 어딘가 신경 쓰이게 한다. 여름을 준비하는 다양한 방법이 있겠지만, 나는 여름 락 페스티벌을 기다리며 여름을 준비한다.

보통 굵직한 일정이나 라인업은 봄에 이미 공개되기 때문에, 설레는 마음으로 봄을 보낼 수 있다. 나에게 봄은, 여름을 기다리는 계절이다.

1차, 2차…. 라인업이 하나씩 공개될 때마다 봄부터 여름의 달력을 가득 채울 수 있다. 해외 공연의 라인업을 엿보며 '한국에는 누가 올 것인가'를 봄부터 예측하는 것도 한 해를 살아가는 재미 요소이다.

페스티벌은 공식적으로 날짜가 뜨는 순간부터 콘텐츠가 시작된다. 내가 기획자도 아닌데 여정을 쫓아가다 보면 행사 자체에 애정이 생긴다. 참 신기하다.

어떤 공연은 그달, 혹은 그해 전체의 기억을 다채롭게 만든다. 나에겐 4월의 콜드플레이 내한 공연이 그렇다. 한국에서만 무려 여섯 번의 공연이 있던 만큼 가기 전부터 이미 많은 후기로 기대를 가졌다. 퇴근하자마자 달려간 고양운동장에선 이미 공연이 시작되고 있었고, 관객 모두에게 배부된 LED 팔찌로 공연장 전체가 빛나고 있었다. 올해 본 최고의 광경 중 하나일 것이다.

모두가 각자의 방식으로 자유, 평화, 사랑을 외치고 있다. 분명 바깥은 서로 싸우고 화를 내기에 바쁜 사람들밖에 없었던 것 같은데. 모두가 인상을 쓰던 2호선 전철 안과는 매우 대비되는 풍경이 펼쳐진다. 전광판에 비친 관객은 하나같이 미소 가득한 행복한 얼굴을 하고 있다.

좋아하는 것을 최선을 다해 좋아하는 사람들이 좋다. 좋아하는 것을 좋아하고, 취향에 진심을 담기 위해서는 시간과 돈이 필요하다. 돈은 때에 따라서 필요하지 않을 수 있지만, 시간을 들여야 하는 일임에는 분명하다. 중요한 것은 '아무도 시키지 않는 것', 정말 순수하게 '본인이 좋아서' 하는 것이어야 한다. 개인의 취향을 가꾸기 위해서는 시간과 노력이 필요하다. 남들이 보기에는 돈 낭비, 시간 낭비 같아 보여도 본인은 그것으로 인해 삶의 활력을 얻고 다시 무언가를 해볼 힘을 얻는다면 그것으로 된 거다.

좋아하는 것을 온 힘을 다해 좋아하는 사람들에게서 느껴지는 특유의 에너지가 있다. 같이 있으면 느껴지는 좋은 기운. 그것을 온몸으로 발산할 수 있는 곳이 바로, 이곳이다.

자유롭게 몸을 움직이고, 노래를 부르고, 손뼉을

치고. 처음 보는 사람들이지만, 마치 오랜 시간 함께 해 온 사람들처럼 일제히 발을 맞추는 광경은 언제 봐도 신기하다. 그들이 각자의 방식으로 리듬을 타고, 서로의 존재를 인정하며 하나의 흐름 속으로 흘러드는 순간, 나는 마치 모든 것이 자연스러운 일처럼 느껴진다.

'와… 이런 곳이라면 시간이 멈췄으면 좋겠다.'

내 마음 깊은 곳에서 그런 생각이 불쑥 올라왔다. 그 순간, 나는 시간의 흐름을 잊고 오로지 그들의 에너지 속에 빠져들어 있었다. 누군가가 내 등을 밀고 앞으로 쏟아질 때 나는 왜인지 모르게 살아 있다는 감각을 느꼈다. 팔을 흔들고 발을 구르며 여기 이곳에 정확하게 존재하고 있다는 느낌말이다. 내가 매년 있어야 할 곳은 이곳이라는 생각이 들었다.

정신없이 즐기다 보면 비가 내릴 때가 있다. 평소라면 누구보다 빠르게 우산을 펼쳤겠지만, 공연장에서의 비는 더 잘 놀게 하는 힘이 된다. 흐르는 땀을 자연스럽게 닦을 수도 있다. 비를 맞음으로 오는 후련한 기분이 있다. 그리고 본래 땀을 많이 흘리게 되기 때문에 비인지, 땀인지 모르게 지나가는 경우가 허다하다.

밴드의 마지막 순서까지 끝나고 정말 마지막을 알리는 불꽃이 터졌다. 맞다! 나는 이 순간을 위해서 일상을 살아온 것이다. 언뜻 보면 찰나의 순간과도 같지만, 기억은 영원히 남으니까.

  집으로 돌아가는 길에 내가 왜 매년 이곳에 오게 되는지 생각해보았다. 아마 자유로워서? 무대에서 자유롭게 하고 싶은 연주를, 노래를 마음껏 하는 사람은 세상에서 가장 자유로워 보인다. 무대 아래에서 열광하는 사람들은 무대 위를 더 자유롭게 보이게 한다.
  드디어 모든 일정이 끝나면 온몸을 두들겨 맞은 것처럼 아프다. 온몸으로 공연을 즐긴 결과물이다. 얼마나 소리를 질러댄 건지 말도 제대로 나오지 않는다. 다음날 연차를 쓰지 않은 걸 일어나자마자 후회하겠지만 그래도 좋다.

  눈을 뜨면 다시 일상은 반복될 것이다. 월요일이 오고 출근을 해야 한다. 맨날 오르던 버스에 타고 매일 아침 만나는 2호선 전우들과 살갗을 맞대야 한다. 그리고 또 할 일을 겨우 해내는 하루하루를 이어갈 것이다.
  하지만 오늘은 다르다. 열정 속 뛰어다니며 들었던 노래가 귓가에 흐르고 있다. 노이즈캔슬링 때문인지, 내가 너무 심취해 있는 탓인지 일상의 소음은 잘

들리지 않는다. 괜히 옆 사람이랑 소리를 지르며 슬램을 하는 상상을 한다. 물론 다들 핸드폰과 함께 땅만 바라보고 있지만. 깃발을 들거나 일면식도 없는 나에게 손을 내밀지 않는다. 갑자기 원을 그리고 이곳을 뛰어다니거나 손뼉을 치는 시늉을 하면 아주 이상하게 쳐다볼 것이다. 어쩌면 SNS에 내 영상이 영원히 돌아다닐 수도 있다. 하지만 상상하는 것만으로도 계단을 오를 힘을 얻는다.

 작년에도 그래왔듯 올해도 그렇고, 당연하게도 내년에도 그럴 것이다. 나는 이 기억으로 살아가는 사람이니까. 이런저런 생각을 하며 다시 버스에 오른다.

5월, 스물세 번째 봄의 끝자락

정진
일상에서의 작은 경험을 통해 성장을 찾아가고 있는
평범한 직장인입니다. 더 나은 자신을 마주하기 위해,
과거의 특별한 순간을 불러와 이 책에 담았습니다.
보이지 않는 시간의 터널 끝에서,
여러분도 결국 성장의 가능성을 마주하기를 소망해봅니다.

"소등하겠습니다, 편안한 밤 되십시오!"

생활관 막내의 나지막한 구호와 함께 불이 꺼진 뒤 얼마나 지났을까, 당직 근무 중이던 소대장님께서 곧 전역을 앞둔 나를 포함한 3명을 행정반으로 조용하게 부르셨다.

"그동안 고생 많았고, 사회에 나가서도 지금처럼만 잘 지내고 열심히들 해!"

다소 뻔한 인사와 함께 따뜻한 치킨을 시켜주시던 그 모습이 지금도 머릿속에 선명하게 떠오른다. 이제 서른을 훌쩍 넘긴 지금의 나에겐 그저 20대 초중반의 앳된 청년으로밖에 안 보였을 테지만, 당시에는 왜 그리 어른스럽고 커다란 존재로 보였던 걸까.

아마도 군대라는 특수한 환경, 그리고 계급이 주는 무게감 때문이었을지도 모른다.

언제나 어렵게만 느껴지던 그가 마지막으로 건네준 치킨은 함께 고생한 형이 떠나는 동생들에게 전하는 따뜻한 마음이자 작은 작별 인사로 느껴졌고, 그 덕에 늘 어둡고 갑갑하게만 보이던 그 행정반의 공기와 형광등 불빛마저도, 다시는 돌아올 일이 없다는 사실에 왠지 모를 아쉬움과 그리움으로 더 아련하게 다가왔다.

치킨이 준 바삭한 위로와 함께 그간 느낀 군 생활에 대한 회고와 각자 사회에 돌아가 무엇을 할지에 대한 소소한 이야기들을 자정이 넘도록 나누고 나서야, 우리는 각자 생활관으로 조용히 돌아왔다.

내일 하루도 바쁜 일정을 보내야 하기에 곤히 잠든 후임들의 얼굴을 바라보며 침상으로 돌아온 뒤, 나는 다시금 지난 21개월의 시간을 되감아 보기 시작하였다.

20살, 나름 애써온 수험생활을 마치고 드디어 낭만적인 캠퍼스 생활이 펼쳐질 것이라는 희망을 품으며 대학교에 입학했지만, 현실은 이상과는 거리가 멀다는 사실을 그때 처음 실감했다. 사교적이고 외향적인 성격은 아니었지만 중·고등학교 시절 교우 관계를 유지하는 데 큰 어려움은 없었고, 대학 생활도 시간이 지나면 자연스레 잘 적응할 거라 막연히 믿고 있었다.

하지만 학과 생활과 술자리 등의 분위기가 나와는 점점 맞지 않는다는 것이 느껴지며, 그 속에서 겉도는 스스로의 모습에 대한 실망감이 차곡차곡 쌓여만 갔다. 기대와는 다른 대학 생활로 점차 회의감이 밀려왔다.

즐거움과 행복조차 찾을 수 없는 날들이 이어지자, 모든 게 내 탓은 아닐까 하는 후회가 쓰나미처럼 밀려왔다. 결국 1학년을 마치자마자 군대를 핑계 삼아 도망치듯 휴학을 했고, 8월의 입대가 오기만을 기다렸다.

입대 전날, 고등학교 이후 처음 머리를 밀고 미용실 거울 앞에 선 내 모습은 그저 허탈함 그 자체였다. 썩 유쾌하지 않은 나날들을 도피한다는 생각에 차라리 잘된 것 같기도 했지만, 군대라는 낯선 곳에서 잘 적응할 수 있을지 나름의 걱정과 불안 또한 그에 못지않게 가슴 한구석에 응어리처럼 맴돌았다.

무더운 8월의 어느 날, 맛조차 느껴지지 않는 부대찌개를 억지로 삼킨 뒤 가족들의 배웅을 받으며 의정부에 있는 보충대[1]로 입대하였다. 현실에서 도망치듯 선택한 길이었지만, 나에겐 새로운 시작이기도 했다.

첫째 날은 신체검사, 군용품 지급, 소포 정리 등으로 정신없이 흘러갔다. 낯선 환경, 낯선 사람, 낯선 복장, 낯선 생활, 모든 것이 생소하고 어렵게 다

---

[1] 보충대 : 신병들이 훈련소에 입소하기 전 대기하며 머무는 곳.

가왔고, 자고 일어나니 내 방 천장이 아니었을 때 느꼈던 좌절감은 지금도 선명하다.

그렇게 3박 4일간의 보충대 생활이 끝나갈 무렵, 나는 곧 강원도 철원에 있는 신병교육대로 가게 되었다.

정신없이 흘러간 보충대와는 달리, 신병교육대에서 마주한 시간은 힘든 만큼 나름의 재미와 추억들을 안겨주었다. 예상보다 큰 총성에 놀란 사격장, 눈과 목이 타들던 화생방 훈련, 포복 자세로 바라본 맑고 푸르던 하늘, 종교행사에서 실로암 반주에 맞추어 악을 쓰던 순간, 40kg 군장을 메고 앞사람 발꿈치만 내내 바라본 야간 행군, 무더운 여름날 아이스크림 하나에 느끼던 황홀함, 조교님의 각진 지휘 아래 생활관에서 동기들에게 받았던 생일 축하 노래, 그리고 GOP[2])에 선발할 인원을 모집하던 면접 날 '기왕 온 군대 특별한 경험을 하고 오자'라는 각오로 용기를 내어 손을 들고 지원하던 순간, 수료식 날 눈물로 이등병 계급장을 달아주시던 엄마의 모습까지.

군인 신분으로 처음 맞이한 순간들이기에 의미가 남달랐고, 생소하고 버거워도 이를 함께 나눌 동기들이 있기에 더 애틋한 시간이었다.

곧 나는 이등병이 되어 지원했던 GOP 부대에 전

---

2) GOP(General OutPost) : 전방(남방한계선)에서 적을 경계하는 부대.

입하였다. 동기들과 함께여서 그나마 숨통이 트이던 신병교육대와는 달리, 그곳은 계급이란 완장 아래에서 선임들이 모든 질서와 분위기를 장악하고 있었고, 그 강렬한 위압감은 내게 신선한 충격이자 압박감으로 다가왔다.

'100명이 넘는 저 선임들 밑에서 과연 무사히 전역할 수 있을까?'

마치 정글에 던져진 토끼 한 마리와 같은 심정으로 그 분위기에 압도되었다.

그 안에서 만난 사람들은 참으로 다양했다. 소위 SKY 출신의 명문대생부터 등에 문신이 있는 이들까지, 지극히 제한적인 내 생활 반경에서는 접하기 힘든 다양한 사람들이 군대라는 하나의 집단 속에서 국방의 의무를 위해 헌신하고 있었.

사회에서는 아마 만나지 못했을 각기 다른 이들이 군인의 신분으로 함께하는 모습이 신기하면서도, 한편으로는 어딘가 쓸쓸하게 느껴졌다.

전입 약 두 달 뒤, 나는 8개월간의 철책 근무를 위한 투입 전 훈련을 마치고 전방 GOP로 투입하게 되었다.

철원의 겨울은 정말 잔인하리만큼 매섭고 혹독하

고 끔찍했다. 발열 조끼와 핫팩, 두꺼운 외투들로 전신을 무장해도 냉기는 끝내 온몸을 파고들었다. 근무를 서고 돌아올 즈음엔 코와 눈썹에 고드름이 주렁주렁 달린 채 복귀하기 일쑤였다. 귀는 떨어져 나갈 듯 시렸고, 손가락과 발가락은 감각을 잃을 만큼 저렸다. 게임을 실컷 하던 따뜻한 집이 간절하게 그리웠지만, 정신을 차려보면 눈 앞에 펼쳐진 건 광활한 철원 평야, 그리고 거칠게 몰아치는 바람뿐이었다.

그곳의 겨울은 단순한 추위가 아닌, 마치 내가 앞으로 감내해야 하는 군 생활을 상징하는 듯 더 차갑고도 무겁게 다가왔다.

눈은 끝도 없이 쏟아졌다. 불편한 아이젠을 착용하고 제설 작업을 하는 건 다반사였고, 야간 근무 후 제대로 잠을 이루지 못한 채 싸리비와 넉가래로 저 하늘에서 내리는 하얀 악마들과 전쟁을 치러야만 했다.

차가운 고통 한가운데서도 '이걸 버틸 수 있다면 앞으로 사회에서도 무엇이든 다 해낼 수 있지 않을까?' 하며 스스로를 다독이던 순간이었다.

어느 추운 겨울 아침, 밤샘 근무로 지쳐 잠들어 있던 나는 낯선 소리에 잠에서 깼다. 조심스럽게 눈을 뜨자, 평소 군기반장 역할을 하던 선임이 조용히 흐느끼고 있었고, 귀를 기울이니 지병이 악화되어 아버지가 돌아가셨다는 소식, 또 급히 청원휴가를 나가야 한다는 부소대장님의 목소리가 들려왔다.

항상 엄하고 무섭게만 느껴지던 그 선임도, 그 순간만큼은 아버지를 잃고 서럽게 우는 여린 청년에 불과했다. 자는 후임들을 깨울까 봐 숨죽이며 흐느끼던 그의 울음소리는 아직도 귓가에 생생하다. 어떠한 위로의 말조차 건네지 못한 채 자는 척을 할 수밖에 없었던 씁쓸함과 안쓰러움은, 지금도 강렬한 기억으로 아련하게 남아 있다.

아무리 강해 보여도 결국은 우리 모두 삶의 무게 앞에서는 울 수밖에 없는 연약한 존재라는 사실을, 나는 그 일을 겪으며 깨닫게 되었다.

신병휴가의 기억도 희미해질 무렵. 어느덧 나는 일병으로 진급했다. 축구에 진심인 부소대장을 피해 화장실 변기 칸에 숨어 있던 일, 잠을 줄여가며 황금마차[3]를 기다리던 아침, 새벽마다 울어대던 고라니의 비명, 처음엔 낯설고 버겁던 철책선에서의 하루들이 점점 익숙해지며, 어느새 당연한 일상으로 다가왔다.

곧 차디찬 겨울에서 뜨거운 여름까지 이어진 8개

---
3) 황금마차 : 격오지 부대를 순회하며 물품을 판매하는 이동식 PX 차량.

월의 GOP 생활을 마무리하고, 나는 후방으로 철수하며 상병으로 진급했다.

그 이후 군 생활은 훈련과 무난함의 연속이었다. 진지공사4)나 혹한기 훈련 같은 굵직한 이벤트들도 있었지만, 이른바 '짬'이라 불리는 군대 내 경력이 쌓이면서 노하우가 생긴 덕에, 처음보다는 그런 육체적으로 고된 훈련들도 한결 버틸 만해졌다.

상병이 되고 호봉이 올라가며 점차 더 높은 선임의 위치에 서게 되자, 과거 이등병 시절 무섭고 어렵기만 했던 선임들의 말과 행동들이 어느 정도는 이해되기 시작했다. 후임에게는 후임만의 서러움이 있듯, 선임에게도 그 나름의 고충들이 있었다. 일정한 규율과 통제 분위기를 유지해야 한다는 압박감, 그리고 그에 따른 책임을 감당해야 하는 부담이었다.

나는 직접 선임의 위치에 서보고 나서야, 비로소 그 사실을 어렴풋이나마 깨닫게 되었다.

그 무렵, 허물없이 지낸 선임들이 하나둘 떠나가면서 내 마음속에는 공허함이라는 감정이 조금씩 자라났다. 첫 전입을 왔을 때 가장 어려웠지만, 결국 가장 가까이 지내야만 했던 근접 기수의 선임들, 그들도 결국은 인간적인 면모를 지닌 사람들이었다.

---

4) 진지공사 : 전투 진지나 참호 등을 보수하거나 새로 구축하는 작업.

돌이켜보면, 갓 이등병이던 시절부터 지금까지도 함께 먹고 자면서 모든 일과를 견뎌낸 동료들이었고, 힘겨웠던 군 생활 속에서 나를 지탱해 준 고마운 존재들이기도 했다.

동고동락하던 선임들이 떠나가는 속도에 맞춰 나도 어느덧 병장이 되었다. 전역하는 선임들을 바라보면서 부러운 마음이 들기도 했지만, 함께 추억을 쌓아오던 이들이 떠나고 남겨진 자리에는 알 수 없는 그리움과 공허함이 밀려왔다. 곧 새로운 신병들이 들어왔지만, 그 빈자리를 채우지는 못했다.

대학 생활에서의 공허함을 피하고자 도망쳐 온 군대에서, 오히려 또 다른 형태의 공허함과 마주한 기분이었다.

어느덧 막연하게만 느껴지던 전역이 달력에 표시된 날짜가 줄어들며 점차 선명하게 다가왔다. 드디어 이곳을 벗어날 수 있다는 희망, 그러나 도망치듯 떠나왔던 입대 순간이 떠올라, 다시 사회에 잘 적응할 수 있을지 불안과 두려움이 뒤섞였다.

'나가서 무엇을 할지 더 고민했어야 했을까?'
'다시 돌아간다면 잘 적응할 수 있을까?'
'또 괴로움이 반복되지는 않을까?'

'이곳에서 나는 조금이라도 성장하고 변했을까?'

두 감정이 내 마음속에서 끊임없이 갈등을 일으켰고, 수많은 질문과 고민들이 머릿속을 맴돌며 나를 점점 죄어 오던 시절이었다.

하지만 곧 아무리 고민해도 여기서는 답을 얻을 수 없다는 결론에 다다랐다. 처음에는 두려웠지만 막상 겪어 보니 나름 할 만한 군 생활처럼, 사회도 결국 부딪히고 경험해보는 것만이 답일 것이라 생각했다.

나는 잠시 그러한 고민을 내려두고 시간과 상황에 맡기기로 하며, 남은 말년 기간을 동기들과 즐겁게 보내는 데 조금 더 집중하기로 했다.

드디어 5월이 되었다. 나름 묵묵히 군 생활을 했다고 인정받았는지 중대에서 여러 차례의 포상휴가를 챙겨 주었고, 그 덕에 16박 17일이라는 적지 않은 말년휴가를 다녀올 수 있었다. 휴가 기간 내내 친구와 술잔을 기울이며, 앞으로 사회에 잘 적응할 수 있을지에 대한 걱정을 주고받으며 대부분의 시간을 보냈다.

그 대화 속에는 두려움도 있었지만, 다시 시작을 향하는 설렘도 작게나마 스며 있었다.

전역을 사흘 남긴 채 부대로 복귀했다. 전입 때 받은 장구류, 떠나간 선임들에게 물려받은 A급 전투복과 군화, 생필품을 막 들어온 신병들에게 고스란히 물려주었다. 이제 시작인 그들의 눈빛은 설렘과 두려움으로 가득 차 있었고, 그것은 곧 전역을 앞둔 나도 여전히 느끼는 감정들이었다. 떠나는 입장에서 해줄 수 있는 말은 그저 단 하나였다.
　"그래도 국방부 시계는 돌아간다."

　전역을 하루 앞두고, 중대원들과 단체 사진을 찍은 뒤 후임들이 건넨 5)전역빵도 시원하게 맞았다. 취침에 들기 전 소대장님이 배달해주신 치킨을 든든히 먹고 침상으로 돌아와 누웠다. 그렇게 나는 지난 군 생활을 떠올려 보며, 그 끝에서 조용히 회상에 잠겨보았다.

　아침이 밝았다. 대대장님께 경례를 올리고 후임들의 경례를 받으며 부대에서 터미널로 향하는 미니버스에 몸을 실었다. 이제 다시는 돌아올 일이 없을 것이다. 해방감과 공허함, 후련함과 아쉬움, 말로 다 표현하기 힘든 복잡한 감정들이 용솟음치며 내 마음

---
5) 전역빵 : 후임이 전역하는 선임에게 행하는 구타(축하 의미).

을 스쳐 갔다.

시내에서 동기들과 마지막 식사를 마친 뒤 집으로 향하는 버스에 올랐다. 6)맞후임이 선물해 준 7)전역모를 매만지며, 떠나간 선임들이 으레 그랬던 것처럼 나도 페이스북에 조용히 전역 게시글을 남겼다.

그 안에서 함께했던 수많은 인연과 순간들을 떠올리고 '입대 전과 달리 내가 조금은 성숙해졌을까?' 하는 물음을 조용히 되뇌며 집으로 향했다.

집 앞 화단에 피어 있는 5월의 막바지 꽃들을 바라보았다. 여름이 오면 활짝 핀 꽃들도 이내 사라지듯, 군대에서의 추억들도 언젠가는 기억 저편으로 아득히 사라질까 아쉬움이 밀려왔다.

비록 도망치듯 떠나온 곳이었지만, 그 안에서 배운 것들은 분명 내게 그 나름의 의미와 교훈을 남겼다. 내가 뚜렷이 기억하는 한, 그 21개월의 기간은 내 삶의 일부이자 청춘의 일부였고, 잊을 수 없는 나의 기록이었다.

23살 봄의 끝자락이던 가정의 달 5월, 나는 정들었던 철원, 동료, 그곳의 추억과 함께 다시는 돌아오

---

6) 맞후임 : 바로 아랫기수 후임.
7) 전역모 : 전역할 때 기념으로 받거나 착용하는 모자.

지 않을 2년 남짓한 청춘의 시간과 조용히 이별을 마주하며 가족의 품으로 돌아왔다.

  도어락을 누르며 집으로 들어서는 순간, 멈춰 있던 사회의 시간이 다시금 재생되는 기분이 들었다. 그러나 나는 예전과 다르다. 새로운 시작을 다시 받아들일 수 있는 자신감이 있다. 나는 힘차게 문을 열고 들어갔다.

6월, 부재와 삶

이기욱
수원 화성의 매력에 이끌려 옛집으로부터 먼 동네에
정착한 직장인. 일터에서 느낀 수많은 감정과
오랜 고민의 흔적을 엮어봅니다.
고유한 매일의 삶과 직장인의 성장을
기록하는 사람이 되고 싶습니다.

나는 '없음'을 숫자로 정리하는 사람이었다. 일상은 정확히 재단된 시스템의 작동과 궤를 같이했다. 매일 아침 7시 30분, 알람 소리에 맞춰 일어나 간단한 아침 식사를 하고, 8시 40분까지 회사에 도착한다. 지하 주차장에 차를 대고 오피스 빌딩의 고속 엘리베이터에 몸을 싣는 순간부터, 나의 의식은 이미 업무 모드로 전환되었다. 20층, 법무실 채권 회수 전담부서. 반투명한 유리문 너머로 보이는 깔끔하게 정돈된 개인 칸막이들과 모니터 화면의 푸른빛은 나의 세계였다.

개인 PC를 켜고 시스템에 로그인하는 것으로 업무는 시작된다. 빼곡하게 채워진 화면에는 수많은 이름과 숫자들이 나열되어 있었다. 미수 채권의 액수, 연체 일수, 회수율, 그리고 처리 완료 건수. 이 모든 데이터는 정량화되어 나에게 보고되었고, 나의 역할은 명확했다. 이 데이터들을 분석하고, 클릭 몇 번으로 누군가의 부재를 숫자로 완벽하게 정리하는 것. 사망, 주소 불명, 송달 실패, 전화번호 해지. 그 모든 건 '없음'의 다양한 형태였다.

오랫동안 이 일에 자부심을 느꼈다. 감정은 불필요한 오류를 만들 뿐이라고 굳게 믿으며, 완벽하게 무감각해져 있었다. 나의 손끝에서 누군가의 삶은 그저 장부 위에서 사라지는 숫자에 불과했고, 그것은 가장 효율적이고 완벽한 일 처리 방식이었다. 내가 담당했던 일들은 분명 회사의 핵심 업무 중 하나였고, 성과는 매달 높은 회수율이라는 지표로 증명되었다. 나는 팀원들에게도 늘 감정 개입의 배제를 강조했다.

"우리는 숫자를 다루는 거지, 드라마를 찍는 게 아닙니다. 객관적인 데이터가 곧 팩트입니다."

이 말은 간결하고 명확했으며, 팀원들은 지시를 군말 없이 따랐다. 냉철함은 곧 팀의 효율성으로 이어졌다.

채권 회수팀의 업무는 얼핏 냉정하고 무미건조해 보이지만, 그 안에는 인간사의 비극이 고스란히 담겨 있었다. 빚은 다양한 형태로 사람들을 무너뜨렸다. 사업 확장을 꿈꾸던 중견기업 대표는 무리한 투자가 실패로 돌아가면서, 한순간에 수십억 원의 불량 채권을 남기고 가족과 함께 주소 불명의 상태로 사라지기도 했다. 지방 소도시에서 대를 이어 병원을 운영하던 의사는 갑작스러운 의료사고와 그로 인한 소송비용, 그리고 환자 수 급감으로 인해 병원 문을 닫고 개인 파산에 이르러 삶의 마지막까지 미납 연락을 받는 비극을 맞기도 했다. 예측 불가능한 불행

앞에 무릎 꿇은 이들의 이야기는 덧없이 허물어졌고, 나는 그 파편들을 시스템이라는 거대한 맷돌에 넣어 갈아버렸다.

　주소 불명으로 반송된 우편물은 회수율을 떨어뜨리는 골치 아픈 문제였고, 전산 기록의 빈칸은 처리 속도를 늦추는 불필요한 지연 요소였다. 내게 중요한 건 오직 숫자들이었다. 얼마나 많은 채권을 회수했는지, 얼마나 빠르게 처리했는지, 그리고 얼마나 적은 비용으로 '정리'를 완료했는지. 무표정한 효율성만이 나의 유일한 가치였다. 그 과정에서 인간적인 흔적은 불필요한 잔재로 여겨졌다. 전화 통화에서 들려오는 울음소리나 애원은 그저 '감정적 호소'로 분류될 뿐이었다.

　시작은 대부분 비슷했다. 특히 사회 초년생이라면 더욱 그러했다. 처음 발급받은 신용카드는 월급보다 먼저 자유를 선물했다. 통장에 돈이 없어도 원하는 것을 살 수 있다는 착각, 그것이 첫 번째 균열이었다. 그러나 결제액이 월급을 넘기기 시작하면, 그 경계는 쉬이 무너진다. 체크카드는 손이 가지 않고, 현금서비스가 등장한다. 카드론은 비상금이 되고, 체납은 일상의 언어가 된다. 코인, 주식, 불법도박으로 이어지는 '한 방'의 서사가 펼쳐지고, 그 서사의 끝은 늘 비극이었다. 신용등급은 조용히 내려앉고, 자동이체는 끊기며, 계좌는 자주 바뀌고 통신은 정지된다. 그렇게 어느 날, 이름이 시스템에 등록된다.

물론 모든 무너짐이 개인의 문제에서만 시작되는 건 아니다. 작은 가게 하나 꾸려 열심히 살던 사람이 코로나 팬데믹으로 손님 하나 없이 몇 달을 버티다 결국 문을 닫고, 퇴직금까지 끌어다 투자했다가 사기를 당해 전 재산을 날린 이도 있다. 홀로 아픈 노모의 병원비를 감당하다 대부업체에 손을 내밀고, 돌려막기 끝에 신용불량자가 된 사람, 믿었던 형제의 보증을 섰다가 졸지에 자신의 이름이 먼저 무너진 사람도 있었다. 나는 그들의 사연을 귀로 듣지만, 눈은 오직 서류 위의 숫자를 향했다. 시스템은 묻지 않는다. 왜 그렇게 되었는지, 어떤 고통을 겪었는지. 그저 기록하고, 처리할 뿐이다.

말보다는 증거를, 감정보다는 법을 믿었다. 채권회수는 나에게 전략적인 게임과 같았다. 보통 사람들은 민사와 형사조차 잘 구분하지 못하고 '압류'라는 단어 하나에 숨이 막힌다. 나는 그 불안을 계산했다. 소멸시효가 임박한 채권이라도 단 한 번의 입금, 승인만으로 시효는 다시 시작되고 채무는 확정된다. 나는 그 사실을 굳이 알리지 않는다.

"압류가 진행될 예정입니다. 적은 금액이라도 지금 납부하시면 협의가 가능합니다."

말은 정중했고, 문장은 정제돼 있었다. 법적으로 아무 문제가 없다. 다만, 상대가 몰랐을 뿐이다. '모르는 것은 죄가 아니다'라고 했지만, 나의 세계에서는 무지가 곧 패배로 이어졌다.

기억에 남는 사례 중 하나는 70대 노부부의 사건이었다. 아들 때문에 생긴 막대한 빚을 갚으려 노부부가 가진 전 재산을 탕진하고, 마지막까지 살던 작은 아파트마저 경매에 넘어갈 상황이었다. 시스템은 그들을 '종결 대상'으로 분류했지만, 나는 노부부가 아들의 사망 전 사용된 병원비 일부를 아들 자산에서 사용했다는 사실을 포착했다. 그들은 단순 한정승인만 했기에 책임이 없었지만, 나는 교묘하게 법률해석을 비틀어 한정승인 무효소송을 걸어냈다. 결국 노부부는 아들의 빚까지 갚아야 한다는 판결을 받았고, 나는 높은 회수율을 기록하며 '일을 잘하는 사람'으로 칭송받았다.

다른 사례는 10년 넘게 연락 두절 된 모친의 미신고 부동산 거래를 추적해 압류한 일이었다. 성인 자녀가 어머니의 채무를 상속받아 고통받는 상황이었지만, 나는 단호하게 법적 절차를 진행했다.

이런 식으로 꾸준히 실적을 올렸다. 회사나 업계 내에서도 여기저기 이름이 소개됐다. 이메일로, 사내 메신저로 칭찬을 받았다. 연말 성과급은 언제나 기대 이상이었다. 나의 탁월함은 존재 가치를 증명하는 훈장이었다.

물론 쉽지 않은 사례도 있었다. 제도와 절차를 오히려 너무 잘 아는 이들. 전문적인 법률 자문을 받아 재산을 미리 빼돌리고, 주소를 수시로 바꾸고, 비싼 변호사를 고용하여 끝내 책임을 지지 않았다. 시스템의 맹점을 이용해 빠져나가는 그들의 행태는, 내가 구축한 질서를 흔드는 균열이었다.

반면, 고지서 한 장에도 숨이 턱턱 막히는 사람들이 있었다. 한여름에도 선풍기에 의지해 아이와 함께 견디는 사람들. 전기와 수도가 끊기고도 연락조차 못 했던 사람들. 안타까움이 떠오르는 그 차이를 알고 있었다. 그러나 법과 시스템은 그 차이를 허락하지 않았고, 나는 일에 매우 성실했다.

회의실에서는 데이터와 전략만이 오갔다. 자동차 안에서도 늘 다음 처리할 건에 대해 생각했고, 시스템 화면 앞에서는 오차 없는 클릭만을 반복했다. 그렇게 몇 년을 보냈다. 나의 손끝은 클릭과 절차를 반복하며 단 한 번도 망설이지 않았다. 마치 잘 짜인 기계처럼 움직였고, 내 안의 감정이라는 부속품은 오래전부터 기능을 멈춘 것처럼 느껴졌다. 효율적인 시스템 안에서 나는 사람이 아닌, 정리를 위한 도구에 가까웠다. 그러나 나는 자신에게 만족했다. 주어진 직무를 완벽하게 수행하고 있었으니까.

이 일이 누군가에겐 치안 유지나 소방처럼 세상을 유지하기 위한 일이라는 걸 알고 있었다. 일부가 지키지 않는 약속은 약속을 잘 지키는 대다수 사람들에게 피해를 전가한다. 그러나 범인을 잘 잡는 경찰이 존경을 받고 용감한 소방관이 감사를 받는 것과 달리, 나는 늘 조용히, 비난과 회피 사이 어딘가에서 일했다. 스스로도 그게 불편하지 않다고 생각했다. 입금 유도를 위한 전화는 대화가 아닌 절차였고, 가압류는 클릭 몇 번으로 이뤄졌다.

그날도 별다르지 않았다. 회의 직전, 리스트를 정리하던 중 하나의 이름에서 손이 멈췄다. '사망'. 그 문구 자체는 익숙했다. 늘 보던 단어였으니까. 하루에도 수십 건의 사망 처리 명단을 보며 아무런 동요도 없었다. 하지만 이름과 생년월일을 다시 읽는 순간, 낯선 감각이 올라왔다. 강. 그는 나의 초등학교

동창이었다. 같은 반이었고, 생일도 같았던 아이. 6월 9일. 그를 기억했다. 생일이 같았기에 한 번쯤 함께 케이크를 자른 기억이 스멀스멀 밀려왔다. 흐릿한 기억의 조각들이 하나둘 맞춰지기 시작했다. 운동장에서 축구를 하다가 넘어져 무릎을 다쳤을 때, 말없이 다가와 괜찮냐고 물었던 얼굴. 소풍날 엄마가 싸준 김밥을 나눠주었던 기억. 늘 조용히 줄 끝에 서 있었고, 배식 당번일 땐 손을 떨며 국을 덜어주던 기억이 떠올랐다. 시스템에선 '사망한 채무자'였지만, 기억 속 그는 여전히 앞머리를 내린 채 고개를 숙이고 있던 아이였다.

그 이미지가 너무 생생해서 일순 멈칫했다. 전산 기록에는 없는 그의 시간들. 마지막 경고문을 받았을 때 그는 어떤 얼굴을 하고 있었을까. 아무도 없는 어두운 방, 무심히 놓인 고지서. 상상은 구체적이지 않으며 감상적이지도 않다. 다만 그와 나는 같은 도시에서 어린 시절을 시작했지만 다른 궤도로 흘러왔다는 것. 나는 시스템 너머에서만 그를 볼 수 있었고, 그는 숫자의 가장자리에서 지워지기를 기다리고 있었다. 그를 동정하지는 않았다. 삶이 그를 어디로 이끌었는지 알지 못하기에. 하지만 그가 체납자 명단에만 남아 있다는 사실이 어쩐지 이상했다. 수십 년의 삶이 고작 코드 몇 개로 정리되어 있었다. 곧

'상속 승계 여부 확인'이라는 문구가 입력됐다. 나는 아무런 표정도 짓지 않았다. 그러나 내 안에서 무언가가 미세하게 흔들리기 시작했다. 마치 오래된 건물의 기초에 생긴 균열처럼, 눈에는 보이지 않지만 불안하게 확장되는 균열이었다. 나는 더 이상 나의 직무를 완벽하게 수행할 수 없었다. 시스템이 나에게 요구하는 숫자와 효율이라는 명령에 내 몸이 즉각적으로 반응하지 않았다.

  그날 이후로 무엇인가 달라졌다. 전산 기록 속의 이름들이 단순한 숫자로 보이지 않았다. 주소 불명으로 반송된 서류를 보며, 나는 그 주소지 너머에 살았던 사람의 삶을 의식하기 시작했다. 체납액 뒤에 숨겨진 그들의 무너짐, 그들의 삶에 드리워진 그림자를 어렴풋이 느끼게 되었다. 내 안의 감정이라는 부속품이 완전히 고장 난 줄 알았는데, 강이라는 이름이 그 스위치를 다시 켜 버린 것이다. 나는 시스템을 무표정하게 클릭할 수 없었다. 손가락이 망설였고, 미간이 찌푸려졌으며, 때로는 알 수 없는 슬픔이 밀려들었다. '정의란 무엇인가.' 본질적인 질문에 마주하게 되었다. 시스템의 정의는 효율적인 처리에 있었지만, 인간의 정의는 과연 무엇일까. 이 간극 속에서 나는 혼란스러웠다.

점심시간에도, 퇴근 후에도, 나의 머릿속은 강이라는 이름으로 가득 찼다. 그의 삶이 어떠했을지, 왜 그렇게 끝났을지 알 수 없었다. 그러나 그의 사망 기록은 내게 질문을 던졌다. 내가 그동안 정리했던 수많은 이름. 역시 각자의 삶의 궤적을 가지고 있었을 텐데, 나는 그 모든 것을 무시하고 오직 숫자만으로 판단해왔다는 사실이 뒤늦게 가슴을 쳤다. 나의 무감각은 내가 쌓아 올린 견고한 성벽이었다. 그 성벽 안에서 나는 안전했지만, 이제는 금이 가기 시작했다. 처음에는 희미했던 균열이 시간이 지날수록 번져나가는 것이 차갑고 선명하게 느껴졌다.

 사무실의 공기가 답답하게 느껴지기 시작했다. 팀원들의 활기찬 대화도, 상사의 지시도, 모두 윙윙거리는 소음처럼 들렸다. 나는 그들의 세계에서 점점 멀어지는 것을 느꼈다. 그들은 여전히 숫자를 이야기했고, 나는 그 숫자들이 품고 있는 인간의 흔적을 보기 시작했다. 마치 다른 언어를 구사하는 사람들 속에 홀로 떨어진 기분이었다. 밤에는 잠 못 이루는 날이 많아졌다. 꿈에서는 온통 알 수 없는 숫자들이 둥둥 떠다녔고, 그 숫자들은 이내 흐느끼는 얼굴로 변했다. 피로가 쌓였고, 업무 집중도는 현저히 떨어졌다. 누가 "요즘 좀 피곤해 보이신다"라고 말하면

애써 웃었고, 결재선에서 멈춘 손은 단순한 보류로 처리되었다. 나는 감정을 느끼지 못하는 것이 아니라, 감정을 느껴도 아무것도 멈추지 않는 상태에 있었다는 것을 뒤늦게 깨달았다. 슬픔과 이해가 찾아와도, 나는 버튼을 눌렀다. 그게 무엇인지, 명확한 단어로 설명하지 못한다. 다만 지금 생각해보면 그건 괴물이라는 단어에 가장 가까웠는지도 모른다. 나는 효율이라는 이름의 무엇이 되어가고 있었다. 문득 시스템 채권 회수율 곡선을 바라보다 이상한 상상을 했다. 이 그래프가 사람들의 잃어버린 시간을 의미한다면, 우리는 얼마나 많은 생의 조각을 가져온 걸까.

하루는 현장 점검이 잡혔다. 이번에는 젊은 청년의 채무였다. 특이사항을 확인하니 연고자가 없는 전세금 미반환 피해자였다. 사회적 이슈가 되어 민감한 부분이다 보니 법적 조치의 합리성을 파악하기 위해 직접 채무자를 확인하러 나섰다. 낡은 다세대 주택 밀집 지역. 좁은 골목길을 따라 들어가니 채무자의 주소지가 나왔다. 방은 비어 있었고, 출입문 손잡이엔 스티커들과 통지문서가 겹겹이 쌓여 있었다. 이미 송달이 몇 차례 실패한 흔적이었다. 문을 두드리고 인기척을 확인하려 애썼지만, 아무런 응답도 없었다. 주변을 서성이는데, 지나가던 옆집 아주

머니가 무심하게 말했다.

"그 청년 죽었어. 경찰 다 다녀갔어."

며칠 전 경찰이 다녀갔고, 고독사로 추정된다는 이야기까지 들렸다.

현장에서 돌아오는 길, 손은 운전대 위에 얹혀 있었고 계기판 불빛만 묵묵히 깜빡였다. 아무런 음악도 틀지 않은 채 창밖을 바라보며 한참을 앉아 있었다. 햇살이 강하게 쏟아져 들어왔지만, 내 안은 차갑게 식어 있었다. 감정은 움직이지 않았고, 대신 아주 답답하고 숨 막히는 기분이 느껴졌다. 강의 사망 소식은 내 안의 잠자고 있던 인간성을 건드린 작은 파동이었다면, 이 청년의 죽음은 그 파동을 거대한 해일로 만들었다. 그의 사망은 시스템의 한 줄짜리 코드였지만, 내게는 너무나 생생한 현실이었다. 어떻게 살아왔는지는 무관하게 사회생활의 시작과 동시에 사기를 당했다. 기댈 곳도 없이 혼자 죽음을 맞이한 청년의 마지막을 상상하니 심장이 조여드는 고통이 밀려왔다.

나는 이제 이 모든 '없음'을 숫자로만 정리할 수 없었다. 더는 견디기 어렵다는 걸 깨닫는 데는 오래 걸리지 않았다. 더 이상 나의 직무는 나를 설명할 수 없게 되었다. 내 안에서 무엇이 사라지고 있었다는 자각이 밀려들었다.

　결국, 휴직계를 냈다. 몇 년간 쉴 틈 없이 달려왔던 나에게 휴직은 낯선 경험이었다. 처음에는 회사 시스템에서 벗어났다는 불안감에 시달렸다. 내가 없는 동안 나의 자리가 다른 누구로 대체될까, 나의 성과가 잊힐까 하는 두려움이 엄습했다. 말 그대로 곧 알게 되었다. 시스템은 내 자리를 조용히 채웠고, 아무 일도 없던 듯 돌아갔다. 나만 멈췄을 뿐이었다. 마치 내가 처음부터 존재하지 않았던 것처럼, 전산 기록처럼 깨끗하게 지워진 기분이었다. 나의 부재는 시스템에 아무런 영향을 미치지 못했다.

　집에서 홀로 시간을 보내며, 잃어버렸던 기억들을 다시 찾아 헤맸다. 서재에 틀어박혀 오랜 시간 읽지 않았던 소설책들을 다시 꺼내 들었다. 문학 작품 속 인물들의 삶과 감정을 마주하며, 나는 서서히 나의 감각들을 깨워갔다. 시스템 속에서 '부재'로 처리되었던 이름들이 떠올랐다. 그들의 사망 기록은 단순한 데이터가 아니라, 한 사람의 삶이 끝나는 지점이었다. 그들의 체납된 삶의 무게가 나의 어깨를 짓눌렀다. 나는 그동안 내가 얼마나 무감각하게, 또 기계적으로 살아왔는지 다시 자각하게 되었다. '정의'

라는 이름 아래 내가 행했던 일들이 과연 진정한 정의였는지 의문이 들었다. 시스템의 효율성을 맹신하며 인간의 고통을 외면했던 나의 모습은, 어쩌면 괴물보다도 잔인했을지도 모른다는 생각에 사로잡혔다.

6월이 되었다. 6월 9일, 내 생일. 어릴 적 나는 그 숫자를 좋아했다. 6과 9, 서로를 닮은 모양, 뒤집어도 돌아오는 대칭. 그 단순한 형태 속에 어쩐지 구겨지거나 넘어진 인생도 다시 펴질 수 있을 거라는 믿음을 가졌었다. 하지만 지금, 나는 안다. 같은 날 태어났던 이름 하나가 조용히 지워졌다는 사실이 내 삶의 궤도까지 흔들어놓을 수 있다는 걸. 강의 사망은 내게 단순한 사망 기록이 아니었다. 그것은 균열이었다. 나의 무감각한 세계에 생긴 틈이었고, 그 틈 사이로 인간의 흔적이 밀려 들어왔다.

삶과 시스템 사이엔 설명되지 않는 무언가가 있다. 나는 그것을 아직 설명할 수 없고, 앞으로도 설명하지 못할지 모른다. 하지만 설명하지 못한다는 사실만은, 더는 외면하지 않기로 했다. 나는 이제 시스템 속에서 '부재'로 처리되었던 그 모든 존재의 흔적을 감각하며 살아가려 한다. 그들의 송달 실패가,

전화번호 해지가, 그리고 주소 불명이 단순한 데이터가 아니라, 한 사람의 삶이 끊어지는 비극적 단면임을 이해하려 노력할 것이다.

휴직을 마치고 앞으로 일에 돌아간다면 많이 느려질지도 모르겠다. 회수율이라는 지표는 예전 같지 않을 수도 있다. 어쩌면 나는 '일을 잘하는 사람'으로 불리지 않을지도 모른다. 하지만 그건 다른 무엇이 되지 않기 위해 내가 선택한 속도이며, 누구에게도 제출되지 않는 조용한 회신일 것이다. 나는 이제 무감각한 기계가 아니다. 수치 너머에 있는 인간의 흔적을 찾아, 나만의 속도로, 나만의 방식으로 삶을 다시 채워나갈 것이다.

이러한 자각은 나를 고립시키지 않는다. 오히려 진정한 의미의 사람으로 돌려놓는다. 느리게 걷는 발걸음으로, 나는 다시 나 자신으로 돌아가려 한다.

7월, 선물: 생명과 죽음의 교차 속에서

香𣄤 안희주
아주대 국어국문학과를 졸업 후 시인으로 등단하여
수원문인협회 회원이자 사무국 차장,
예술닷컴 출판사의 대표로 활동하고 있습니다.
이번 에세이의 첫 장과 마지막 장, 7월 달 페이지를 썼습니다.
짧은 인생에서 나온 경험이지만,
독자분들의 마음이 반짝이길 바랍니다.

'생일'은 생명이 세상에 나온 날. 경사스러운 날의 이면에는 '언젠가는 죽음'이라는 전제조건이 달려있다.

7월에는 나의 생일이 있다. 매년 이맘때가 되면 올해는 스스로에게 어떤 선물을 줄지 고민한다.

이번 생일은 다른 날보다 특히 더 누군가가 미친 듯이 그립다. 만나고 싶어도 만날 수 없고 말을 걸어도 대답이 돌아오지 않는 곳에 있는 그 누군가가. 그 친구를 생각하며 이번 생일 선물을 고민했다.

나와 같은 국어국문학과 동기 중에는 어떤 친구가 있었다. 얌전하지만 독특하고 세련된 분위기를 풍기던. 2학기부터 가까워진 우리는 어느 순간 단짝이 되었다. 같은 수업을 듣고 같이 과제를 하며 방학을 보냈다. 삶의 기쁜 순간, 슬픈 순간을 함께했다. 가죽 공방에서 지갑에 우리 이름을 새기던 순간에도, 회사에서 인턴을 하며 처음으로 사회생활을 경험하던 때에도.

어느 날 친구가 죽었다. 기말고사 하루 전날 10월의 쓸쓸한 바람을 맞으며 갑작스럽게, 정말 당황스럽게. 친구가 내게 남긴 유서를 받았다. 나를 정말 좋아했다고 하더라. 하필 일주일 전에 나는 친구와 싸우고 겨우 화해했는데. 그 유서는 깊은 대못이 되어 마음에 박혔다.

이후로 중앙동아리를 여러 곳 가입했다. 상처를 잊기 위해 사람으로 빈자리를 채우고자 했다. 많은 친구를 사귀었다. 하지만 마음이 가지 않았다. 기억을 덮으려 하면 할수록 오히려 선명해졌고 내게는 공허함만 자리 잡았다.

친구 생전에 나와 맞췄던 은색 귀걸이가 있다. 흔히 천사는 은빛 날개라고 하는데 친구와 내가 천사가 되어 만난다면 둘 다 은빛으로 반짝이겠지. 그런 천국에서는 이별도 없을 것이다.

눈이 뜨겁다. 천국에서라도 만날 수 있을까. 다시 만나면 예전에 맞춘 은 귀걸이 한 짝 잃어버렸다고, 미안하다고 말해야지.

이번 생일 선물은 은귀걸이 한 짝과 같은 색을 가진 은 목걸이가 좋을 것 같다. 그리고 은 목걸이, 직접 만들어봐야겠다. 세공하는 내내 그 반짝이는 빛을 보면 내게 작은 위로가 될지도 모른다. 그리하여 집 근처 은 공방을 찾아가 수강권을 결제했다.

한가로운 주말 오후다. 나는 커피를 들고 공방에 들어왔다. 공방 선생님의 설명을 들으며 어떻게 하면 되는지 하나하나 집중해서 들었다.

내가 만들 작품은 목걸이 펜던트다. 펜던트를 세공하고 나면 은으로 된 체인을 달아서 목걸이를 완성하는 거다. 먼저 왁스로 형태를 만들면 공장에서 틀을 떠서 주물을 만든다. 그 주물을 갈아서 광을 내고 다시 공장에 보내 내가 원하는 부분에 도금하면 된다. 오늘 할 것은 왁스로 형태를 만드는 일이다. 나는 천사 날개가 하트를 감싸고 있는 모양을 디자인했다.

왁스는 부드러워서 은을 바로 깎을 때보다 모양을 더 자유롭게 다룰 수 있다. 나는 날개 결 하나하나 신경 쓰며 할 수 있는 한 최대한 정교하게 깎았다.
"왁스에 스크래치가 조금이라도 생기면 나중에 은으로 받았을 때 그 스크래치까지 다 나와요!"
최대한 광내는 작업을 잘하기 위해서는 왁스에서부터 신경 쓰지 않으면 안 되었다. 은빛을 내는 작업은 생각보다 더 까다롭고 예민한 작업이었다.

처음부터 잘못된 것이었을지 모른다. 왁스에서부터 보이지 않는 스크래치가 잔뜩 있던 것처럼 나도 모르게 내게 생긴 보이지 않는 스크래치가 있었을 수도.

"희주야, 이번 주말에 뭐 해?"

마지막으로 약속 잡던 날 첫 마디. 아무것도 몰랐다. 그냥 일상처럼 함께 놀았다. 그날 이태원에 가서 튀르키예 빵을 먹으며 서로의 진로에 대해 말했다. 그러다 다툼이 생겼고 급기야 친구를 울려버렸다. 급하게 나는 사과했고 곧 화해했다. 우연히 마침 비가 내리기 시작했다. 우산을 쓰고 이태원 거리를 산책하면서 다음에는 어디 가서 놀지 이야기했다. 그리고 다음 주, 영영 못 만나게 되었다.

7월의 마지막 주 일요일, 올해 생일은 평일이라 쉬는 날 생일 파티를 하기로 했는데, 파티 전 공방에 잠깐 왔다. 오늘은 주물에 광내는 작업을 하는 날이다.

아차. 받자마자 스크래치가 보였다.

"선생님, 지울 수 있는 방법이 없나요..?"

사포에 대고 문지르면 문지를수록 스크래치는 사

라진다고 한다. 모든 흠이 내 눈에서 사라질 때까지 은을 깎고 문지르고 광을 냈다.

"이 정도도 충분히 반짝이지 않나요?"
"다음 단계, 더 고운 사포로 갈면 생각이 바뀔걸요."
"…그렇네요!"
놀랍다. 이렇게나 예쁜 빛을 낼 줄이야.

트라우마도 스크래치라고 볼 수 있다면 내게도 스크래치가 깊게 새겨져 있었다. 없애기 어려울 것만 같고 없앨 수도 없을 듯한 큰 게. 다른 인연을 사귀어 전의 기억을 박박 문질러서 없애 볼까 생각도 시도도 했지만, 여전히 크게 새겨진 흠이 흔적을 유지했다.

한 가지 내가 몰랐던 게 있다면 스크래치를 없애기 위해 은을 갈아버리는 게 아니라 광을 내기 위해 갈고 있었다는 것. 스크래치가 빛나는 기억으로 변하고 있던 것. 그것이다. 빈공간을 채우기 위해 사귄 인연들은 도리어 그 각각의 자체만으로 빛을 내주고 있었고 새롭고 소중한 존재가 되어 내 마음에 왔다.

파티룸에서 친구들과 생일 케이크를 만들고, 과자 먹고, 수다 떨고, 사진 찍고, SNS에 자랑하고, 영화도 한 편 틀고.

이들도 나를 사랑해 주는 나의 친구들이라는 것을 와닿지 못하고 있었다. 그렇게 스크래치가 옅어지자 예전 친구와의 기억도 트라우마가 아닌 따뜻하고 즐거웠던 추억으로 변해가고 있었다.

생일 당일, 공방에서 문자가 왔다.
'작품 완성되었으니 찾으러 오세요:)'
저번 수업에서 작업을 마친 뒤 로즈골드 색으로 도금하고 싶은 부분이 있어 공장에 맡겼었다. 마침 오늘 나왔으니 생일날 꼭 찾아야겠다고 생각했다.

목걸이를 찾으러 왔다. 공방 문 닫기 직전이었다.
"와!"
상상 이상으로 맘에 들었다.
"깔끔하게 잘 만드셨고 수고 많았어요. 진짜 예쁘게 잘 됐다. 생일 축하해요!"

태어난 날을 축하하는 의미로 받는 게 '생일 선물'이라면, 죽음을 애도하는 의미로 받는 건 '하얀 국화'일 것이다. 사람은 태어남과 동시에 언젠가 죽는다. 오늘 내가 받은 건 생일 선물이다.
24년 전, 부모님은 생명을 선물로 주셨고 이번에

는 미역국을 주셨다. 동생을 비롯한 가족, 친인척들, 친구들, 주변 지인들은 선물과 축하의 메시지를 보내왔다.

완성된 목걸이에서 그리운 친구의 얼굴과 함께, 생일을 기억해 준 인연들의 얼굴이 반짝이며 나타났다. 그렇게 내 마음에는 현재 나를 사랑해 주는 사람들이 문을 열고 들어왔다.

어쩌면 내 안의 스크래치를 광내는 작업이 필요했나 보다. 반짝이는 은빛을 스스로 돌아보기 위해 공방에 간 것만 같다. 어느새 마음에 깊이 새겨졌던 스크래치는 사라지고 은은한 빛이 나를 비추었다.

대학 졸업을 직전에 둔 7월의[1] 생일날, 살아 있었다면 같이 웃었을 학과 동기이자 친구를 떠올리며. 그리고 지금 내 곁에서 웃어주는 인연들을 떠올리며, 은빛 반짝이는 목걸이를 걸었다.

---

[1] 코스모스 졸업으로 8월 졸업식 예정이었다.

8월, 덥고 습하고 그러나 무르익는 시간

김현지
아이들에게는 선생님, 말랑한 독서에서는
모임장으로 불리는 사람입니다.
그리고 '그럼에도 불구하고'의 힘을 믿는 사람입니다.
당신의 삶이 8월의 뜨거움과 고단함일지라도, 그 안에서
조금 느리고 흔들리더라도 그렇게 익어가길 바라겠습니다.

"아쉽다, 햇빛 두 번만 더 봤어도 더 달았을 텐데." 직접 키운 복수박의 속을 맛보며 엄마가 말한다. 수박이라고 하기엔 너무 작고, 참외라고 하기엔 조금 큰 과실을 직접 키워내기까지 우리 부모님은 정말 사서 고생하셨다. 매주 주말마다 뙤약볕 밑에서 쪼그렸다. "올해는 그만하셔라"라고 해도 봄이 다가오면 어김없이 애증의 취미를 준비했다. 그렇게 애지중지 키운 과실의 첫 마디가 "아쉽다"라니. 직접 키우지 않았어도 내가 다 아쉽고 서글프다.

 비가 많이 와 햇빛을 보지 못해 더 달아지지 못한 그 복수박. 8월의 그 뙤약볕을 더 쬐지 못해 열심히 자랐지만 아쉬워진 그 결실의 껍질을 썰며 지독한 더위가 단맛을 내게 한다는 게 아이러니지 않나 싶다.

 그 어느 때보다 덥고, 지구가 멸망하는 게 아닐까 싶은 이 더위는 8월에 가장 절정을 이룬다. 심지어 장마가 끝나는가 싶더니 태풍이 온다. 얼마나 더우면 이 작은 반도에서 위협적으로 올라오던 태풍이 소멸한다. 끝나고 나면 더 높은 열기를 가진 더위만이 남는다. 이런 곳에 터를 잡은 단군 할아버지가 원망스러울 지경이다.

 이 더위 속에서 물 잘 마시고, 농사일을 가급적 자제하라는 재난문자가 오는데, 야속하게도 과일은 더 달아지려면 이런 8월을 꼭 지나야 한다.

 사람도, 사랑도 마찬가지다. 이런 지독한 더위를 지나야 더 단단해지고, 더 달아지는 것 같다. 이런 사실을 나에게 알려준 8월의 한여름처럼 푸르고 뜨거운 사랑에 대해서 말해보려 한다.

 어떤 계절에 비유할 수 없을 정도로 상처뿐인 경험이 있었다. 흔히 말하는 데이트 폭력, 가스라이팅 그런 것들이 내 이야기가 될 줄 몰랐다. 뉴스에서 나오면 저걸 다 받아주나, 빨리 헤어졌어야지 하면서 피해자 탓을 했는데, 그게 내가 될 줄이야.

 지금은 이런 일에 대해서 조금은 씩씩하게 말할 수 있지만, 당시엔 모든 것이 공포였다. 살짝 열려있는 현관문. 비밀번호를 누르고 들어올까 싶어 순간 현관문이 보이는 거실까지 발걸음을 뗄 수가 없었다. 휴대전화가 울려도 공포였다. 500통이 넘게 왔던 전화에 휴대전화 배터리가 없어 신고조차 할 수 없었을 때가 생각났다. 몸도 마음도 그냥 공포에 질려버렸다. 가족마저 왜 그렇게 바보같이 있냐고 손가락질했다. 말이 손가락질이지 사실은 다 화살들이었다. 그 누구에게도 위로받지 못하고, 그 누구도 사랑하지 못하는 그런 존재로 지낸 나날들이었다. 어떤 계절과 시간에 정체된 시간을 비유할 수 있을까. 매일 침대에서만 보내는 나날이었다.

그러다 문득 창밖을 보고 용기를 내 밖을 나섰다. 계단을 내려갔다. 한 발짝 한 발짝 발을 떼고 나섰다. 자주 다니던 편의점도 지나쳤다. 엄마의 단골 미용실도 지나쳤다. 점차 반경을 넓혀 아무도 없는 공원을 한 바퀴 돌았다. 이제 나도 바깥으로 나갈 수 있구나. 바깥에 나가도 아무 일이 없구나. 괜찮구나. 하는 생각이 들었다. 그렇게 스스로 일어설 힘을 길렀다. 4시간짜리 아르바이트를 구하고, 대학원을 다시 등록하며 멈춘 시간이 흘러가도록 노력했다.

사람도 만났다. 평소에 연락하고 걱정해 주었던 사람들도 만나고, 보고 싶었던 사람들도 만났다. 고마운 사람들을 다시 만나면서 내가 원래 어떤 사람이었는지 찾아갔다.

평소 무심한 성격이지만 친하게 지내던 지인에게 이제 내가 괜찮아 보인다며 "소개받을래?"라고 했다. 사랑에 상처받은 마음은 사랑으로 치유하는 거라는 흔한 명언을 남기며 소개팅을 제안했다. 단번에 "응!"이라는 대답이 나오지 않았다. 이제 진짜 다 괜찮은 줄 알았는데, 아니었다. 웅얼거리면서 말하게 되었다. "글쎄…"로 시작해서 "아직 제대로 된 직장도 없고, 누굴 만나기엔…"하고 말을 흐렸다. 본심을 말하지 못했다. 그렇지만 다 알았을 것이다. 누굴 만나기에 아직 나는 무서웠다. 겨우 흘러가는 시간이 다시 고여버릴까 하는 염려. 다시 누굴 만날 수 있을까. 누구를 만나도 나는 괜찮을까. 하는 염려의 파도가 밀려왔다. 그 파도가 내 앞에서 부서지면서 공포라는 제 모습을 보이며 밀려왔다.

그 짧은 찰나에 내 표정을 보던 지인은 자기를 믿고 만나보라 했다. 그래, 어차피 내 몫이긴 하겠지만 책임을 해주고 보증을 해주는 사람이 있으니까. 나는 또 한 발자국 나아갔다.

다음 날 메신저가 울렸다. 어색하게 인사를 했지만 가는 날이 장날인가. 하필이면 약속이 있던 저녁 시간이었다. 오래 같이 일한 지인과 만나는 시간인지라 집중할 수 없었다. 미안하지만 어쩔 수 없었다. 눈앞에 있는 사람에게 집중하는 게 맞으니까. '제가 지금 약속을 나와 있어서요, 내일 연락드려도 될까요?'라고 보냈다. 그랬더니 '저도 약속 중이라서요. 괜찮아요'라며 왔다. 이걸 다행이라고 해야 하나? 그렇게 첫 연락은 서로 단 세 마디로 끝나버렸다. 그리고 다음 날이 되어서 연락을 주고받았다. 약속을 잡고 연락을 끝내야 하나? 아니면 더 이야기해야 하나? 유튜브를 봐도 그냥 사람마다 다르다고 했다. 나는 고장나 버린 것 같았다. 그저 그가 하는 말에만 답을 하는 정도로만 메신저 대화를 이어갔다. 그렇게 이런저런 어색한 이야기를 주고받으며 처음으로 그를 만나는 날이 되었다.

가보지도 않은 맛집으로 향하면서 아무래도 하지 말 걸 그랬나. 프로필로 보내준 사진이랑 다르다고 실망하면 어떡하지. 더치페이해야겠지? 나한테 돈 쓰는 게 아까울지도 몰라. 메신저로 대화는 나름 잘 통했는데 막상 만나면 무슨 이야기를 해야 하지. 하며 자존감 떨어지는 생각들만 뭉게뭉게 피어났다.

머스타드색 니트를 입고 가게 앞에 그가 서 있었다. 제시간보다 일찍 도착해 나를 기다리고 있었다. 영화나 드라마처럼 첫눈에 들어오지 않았다. 사실 얼굴도 잘 기억나지 않는다. 그의 얼굴도 제대로 쳐다보지 못했기 때문이다. 얼굴도 못 쳐다보면서 혼자서 이런저런 말들을 했다. 어색한 것을 참지 못하는 성격은 늘 이래서 문제다. 들어가지도 않는 맛없는 파스타를 복스럽게 먹는 척하며 혼자 얼마쯤 떠들었을까. 그가 팔짱을 풀고 고개를 내 쪽으로 기울이며 자신의 이야기를 시작했다. 자신의 취미, 하는 일, 내가 좋아하는 것을 자신도 좋아한다며 하는 이야기였다. 어색한 식사가 끝나고 마시지도 못하는 커피를 마시며 근처에 공원도 돌아다니며 이야기했다. 서로 인사를 나누고 잘 가라고 하며 시간을 확인하니 4시간이 훌쩍 지나 있었다. 그리고 이제 나는 끝나겠지 하며 돌아왔다. 그래도 이제 누구를 만나 볼 수는 있겠구나 하며 혼자 스스로를 다독이고 있을 무렵 그에게서 연락이 왔다. 형식적인 인사를 나누고 다음 날까지 연락이 이어졌다. 그리고 그에게서 "다음엔 제가 수원으로 갈게요"라고 왔다.

그렇게 두 번째, 세 번째 만남이 이어졌다. 세 번째 만남에는 갑자기 날씨가 쌀쌀해졌다. 그는 평소에는 입지 않던 가디건을 입어서 회사에서 약속 있냐는 말을 수천 번은 더 들었다면서 자신이 입은 가디건을 자랑했다. 저녁을 먹고 양재천을 걸으며 나는 혼자서 이런저런 이야기를 했다. 내심 친해졌다고 생각해서인지 이전 직장에서 상사와 한판 붙은 이야기까지 해버렸다. 말하는 순간 아차 했지만 어쩔 수 없었다. 또 혼자서 망했다고 생각하며 버스 정류장으로 돌아가는 길이었다. 신호등을 기다리는데 그가 나의 손을 꼭 잡으면서 "앞으로 잘 부탁해"라고 했다. 남들 귀엔 오글거리게 들릴지도 모르겠다. 하지만 나에겐 마음속에서 한 송이 꽃이 피어나는 말이었다. 코끝을 스치는 바람이 쌀쌀한 날씨였지만 마음만은 봄이 된 그런 말이다. 추운 겨울이었지만 우리의 마음은 늘 봄이었다.

 가벼운 증상의 코로나가 유행하면서 일주일의 격리 기간을 가진 시간이 있었다. 그 시간 동안 나는 인생에서 세 번째로 아픈 열감기 증상을 앓았고, 목이 부어 목소리도 나오지 않았다. 그나마 아이스크림을 먹으니 붓기가 가라앉아 살 것 같다며 격리 상황을 메신저로 이야기하고 있었다. 그리고 그날 저녁 갑자기 그에게서 전화가 왔다. 현관문 밖을 보라는 전화였다. 문을 여니 잔뜩 들어 있는 아이스크림과 초콜릿들이었다. 그리고 계단 아래서 그가 손을 흔들고 웃고 있었다. 몸도 마음도 답답하고 아플 무렵 그는 그렇게 또 나에게 잔뜩 봄을 주었다.

 그가 준 봄은 봄비를 막아줄 때 가장 따뜻했다. 어이없는 소송에 걸려 10년 가까이 한 교사 생활을 그만둘까 고민하며 매일 울던 날이 있었다. 매일 같이 마음에 추적추적 비가 왔던 날들이었다. 그럴 때마다 그는 매일 같이 내 이야기를 들어주었다. 하염없이 들어주기도 하고, 때로는 나보다 더 크게 화를 내기도 했었다. 화 한번 잘 내지 않는 그런 사람이었는데. 단지 사랑하는 사람의 일, 그 이유만으로 화를 내던 사람. 남들 눈에는 억수같이 오는 비를 손바닥으로 막아주는 모습일지 모르겠다. 하지만 내 눈앞에 그가 있었고, 그가 막아주는 그 비가 나에게는 세상에서 가장 따뜻하고 커다란 우산이었다. 그는 언제나 옆에서 내가 다시 일어서고 꽃 피울 수 있는 힘을 주었다.

나는 그렇게 그 사람이라는 봄에 살았다. 하지만 2년이나 봄일 수는 없었다. 꽃이 지고 녹음이 푸르러져야 열매가 맺힌다는 것을 잊고 있었다. 무더운 여름도 필요하고, 초록이 물드는 가을도 필요하고, 다시 잠에서 깨어나는 겨울도 필요한 법이다.

하지만 나는 사랑과 한 계절을 쫓아가려 했다. '그'라는 봄을 쫓고 있었다. 결국 결혼을 보채는 나에게 마지못해 돌아온 대답은 "굳이 결혼을 해야 해?"였다. 그때 알았다. 사랑과 계절은 쫓는 것이 아니구나.

모든 계절이 보챈다고 오는 것이 아니다. 다 때에 맞게 오는 것이고, 그 시간은 필연적이다. 꽃이 좋다고 봄만 붙잡고 있을 수 없다. 꽃이 지면 더 푸르른

녹음이 반짝이고, 내리쬐는 볕에 달콤하게 익어가는 시간을 맞으며 그렇게 더 무르익는 시간이 다가온다. 그와의 봄 같은 시간을 정리하고, 헤어짐은 한겨울 눈보라 속에서 홀로 설인을 만난 듯했다. 만년설처럼 그를 잊지 못하고 보낸 까만 밤이 하얗게 세어버렸다. 그렇게 그를 잃은 상실감을 불편함이라고 오해한 채 2년이라는 시간을 나는 방황했었다. 그 시간들을 오롯이 혼자 보내려고 했다. 책을 읽기 시작했다. 글을 쓰기 시작했다. 외로이 방황하던 시간들이 새로이 쓰였다.

  그렇게 그와의 시간도 새롭게 되돌아볼 수 있었다. 봄 같은 시간이 끝나고, 방황하고 아팠던 날들은 겨울이 아닌 8월의 한여름 같았다. 뜨거운 온도에 지쳤고, 땀인지 눈물인지 모를 것들이 흘러내렸다. 하지만 이제 와 보니 그 시간은 무르익는 시간이었다. 그 사람만 보이던 '연애'에서 이제는 주변과 나를 더 볼 줄 아는 '사랑'으로 자라 익어가는 지금이 되었다.

  8월, 절정과 끝자락이 함께 존재하는 이 계절 속에서 나는 비로소 진정한 사랑을 체감한다. 지나가는 계절을 마주하고 지나간 날을 곱씹는다. 나는 이

8월에 무엇 덕분에 익어갈 수 있었을까. 절정이었던 기온만큼 나도 성숙했을까. 무르익는 이 시간이 지나면 또 어떤 것들이 나를 기다릴까. 내일은 더욱 달콤하고 단단해진 결실을 기대해본다.

덥고 아름다웠던 8월의 끝. 저녁이 다가오니 노을빛과는 반대로 제법 선선한 바람이 팔꿈치를 스친다. 곧 다가올 계절에도 나를 맡길 준비를 해야지. 그래서 이 순간에도 여름의 숨결 하나하나를 마음에 새긴다. 다시는 한 계절에만 머무르지 않기 위해, 나를 키워낸 이 계절에게 조용한 인사를 건넨다.

9월, 가을 하늘 태양은 맑다

박재범
평범함을 쫓고 있는 직장인입니다.
누군가의 시선을 위해 성장을 추구하며 살아갔지만,
지금은 스스로의 성장을 위해 살아가고 있습니다.
여러분들도 자신만의 성장을 이뤄낼 수 있길 바랍니다.

끝날 것 같지 않던 여름의 열기가 식어서 무르익어 가며 가을이 시작하는 것처럼. 나에게도 9월은 항상 새로운 것을 시작하는 계절이다. 방학을 보내고 시작하는 새 학기, 군대 복무를 마치고 복학한 학교, 여름휴가를 보내고 새로운 마음으로 시작하는 직장 생활 등 새로운 시작을 할 힘을 얻는다. 그런 가을 하늘 태양은 그 어느 계절보다도 맑다.

나는 지금까지 가장 싫어하는 사람이 나 자신이었다. 호기심에 처음 녹음해서 들어본 내 목소리가 싫어서 한 달 동안 말을 안 했고, 남들과 다른 덩치를 가진 내가 싫어서 사진을 찍는 것을 두려워했고, 그렇게 점점 나를 싫어하게 되었다. 언제부터 나 자신을 싫어하게 되었을까.

여름 방학이 끝나고 새 학기를 시작하는 9월 중학생 때 겪었던 일이다. 친구와 PC방에서 게임을 하고 그 당시 유행했던 네이트온 미니홈피를 보던 중 처음으로 첫눈에 반해 좋아하는 친구가 생겼다. 그때는 무슨 용기가 있었는지 친구에게 소개를 시켜달라고 부탁했고 친구는 기꺼이 내가 첫눈에 반한 친구에게 연락해 나를 소개해 주기로 했다. 들뜬 마음으로 기다리던 중 친구는 잠시 자리를 비웠고, 마침 친구의 휴대폰으로 문자 한 통이 오는 것을 봤다. 그랬으면 안 됐는데, 나는 아직도 그날을 후회한다.

친구의 문자 메시지 내용의 궁금증을 이겨내지 못하고 친구 몰래 먼저 보게 되었다. 첫눈에 반했던 그 친구의 답장이었다. '너는 나를 뭘로 보고 이딴 애를 소개해줘?' 당시 나에게는 너무나 큰 충격이었다. 처음 용기를 내고 친해지고 싶어 했던 친구에게 받은 내용이라고는 믿기지 않았다. 자리로 돌아온 친구는 문자 메시지를 확인하고, 내가 몰래 본 줄 몰랐는지 남자친구가 생겨서 소개해 주기가 어렵다고 얘기해 주었다. 나도 모르는 척, 아무렇지 않은 척, 아쉽다는 얘기와 함께 집에 돌아왔다.

그날 방에서 하루 종일 눈물을 흘렸고, 다른 사람에게는 '이딴 애'로 보이는 내가 너무 미웠다.

또 한 번은, 9월 고등학교 때 체육회가 끝난 후 겪었던 일이었다. 나는 학급 부반장과 풍물부의 부기장으로 활동했고 더 나아가 전교 체육부장까지 맡게 되었다. 그러면서 학교의 많은 학생에게 알려지게 되었고, 나와도 친해지고 싶어 하는 친구들이 생겼다.

나는 낯을 가려, 친해지고 싶어 하는 친구들에게

마음을 여는 데 오래 걸렸지만 나름의 노력을 통해 여러 친구들과 친해지게 되었다.

그중에서 한 친구가 가장 기억에 남는다. 그 당시에 우리는 무리를 지어 같이 놀았고, 그 친구는 나와 친해지고 싶다는 이유로 우리 무리에 함께하게 되었다.

그 친구는 나와 친해지기 위해서 많은 노력을 해주었다. 스스럼없이 칭찬을 해주고 편지도 써주었다. 나도 점차 마음을 열어가고 있던 중 알고 보니 그 친구는 친구와 내기를 위해 나와 친해지려 한 것이었고, 뒤에서는 내 욕을 하고 있었다. 다른 친구들에 비해 뚱뚱하고 소심했던 나를 타깃으로 삼았던 것이다.

그보다 나에게 더 큰 상처가 되었던 것은, 나를 욕하던 친구를 좋아하고 있던 어릴 적 친구가 같이 내 욕을 하고 있었던 것이다.

너무 많은 배신감에 하루 종일 눈물을 흘렸고, 그 친구들에게 아무 말도 하지 못하고 참을 수밖에 없었던 소심한 내가 너무 싫었다.

이때쯤부터였던 것 같다. 나는 좋은 사람이 되는 것에 집착했다. 마음을 얻고 싶었다. 모든 사람들에게 좋은 사람이라고 인정받고 싶었다.

미움받고 싶지 않아 눈치를 보게 되고, 다른 사람에게 나를 맞추기 시작해, 부당한 일을 당해도 참기 일수였다. 하기 싫은 것도 억지로 하며 지냈다. 그래야 남들이 무시하지 않는 사람이 될 것이라고 생각했다.

하지만, 아무리 노력하고 나를 바꿔봐도 모든 사람에게 좋은 사람은 될 수는 없었다. 결국은 이유 없이 나를 싫어하는 사람이 생겼고 또 상처를 받았다.

나는 왜 모든 사람에게 인정을 받지 못하고, 좋은 사람이 될 수 없는지에 대해 좌절했다. 열 명이 나를 좋아해도 단, 한 명이 싫어하는 것에 상처를 받았고 결국 혼자 지내는 삶을 선택했다.

사람을 만나는 게 무서워 1년 동안은 혼자 지냈다. 외로움에 익숙해져 갔다. 평일에는 집에 오면 게임을 하면서 시간을 보냈고, 주말에는 혼자 자전거를 타거나, 공원을 걸었다. 이때가 혼자 보낸 시간이 가장 길었고, 긍정적인 생각보다는 부정적인 생각이 많이 들었다.

이러한 삶이 반복되던 어느 날, 어릴 때부터 알고 지냈던 친구가 내 소식을 듣고 찾아왔다. 나에게는 가장 소중한 친구였지만, 그 당시 사람 만나기를 무서워했던 나는 몇 번의 만남을 거절했다. 그래도 나를 만나기 위해 친구는 계속 찾아왔고, 용기를 내 어렵게 만나게 되었다. 오랜만에 만나는 친구는 반갑게 인사를 건넸지만 자신에게조차 눈치를 보고 행동을 조심하려고 쭈뼛대는 내 모습을 보고는 눈물을 흘렸다. 그러고는 나에게 진심이 담긴 한마디를 해주었다. '미안해'

  나는 지금도 생각한다. 친구의 '미안해' 한마디는 '너무 늦게 와서 미안해' 그리고 '혼자 둬서 미안해'라는 의미가 담겨 있었다고. 별거 아닌 한마디였지만, 그 당시 나에게는 많은 힘이 되었다. 친구를 위해, 나를 위해 변하고자 노력하기 시작했다.

  부정적인 생각을 없애보고자 글을 써보기 시작했다. 처음엔 시를 쓰면서 마음을 표현하는 방법을 배워나갔고, 마음이 많이 정리되어 갔다. 생각을 정리하다 보니 부정적인 마음도 어느 순간부터는 내 삶의 원동력이 되어주었다.

  많은 사람들을 만나보기 위해 노력했다. 동호회 활동을 해보고, 새로운 사람들을 사귀었다. 그곳에서도 여전히 나를 싫어하는 사람이 있었다. 그 사람들에게 "너는 왜 나를 싫어해?" 처음으로 용기를 내 물어보았다. "응? 무슨 소리야. 나는 너를 싫어한 적이 없는데?" 나는 나를 좋아하지 않으면, 나를 싫어하는 것이라는 생각으로 살아오게 되었고 내가 나한테 상처를 주고 있었다.

상처를 치료하기 위해 좋은 사람이 되고 싶은 마음에 목메어 살았다. 물론, 착각이 아닌 실제로 싫어하던 사람들도 있었을 것이다. 그러나 내가 낸 더 큰 상처로 인해 아물 수가 없었다. 아직도 나는 좋은 사람이 되고 싶다. 어떻게 해야 좋은 사람이 될 수 있는지 아직 정답을 찾지는 못했다. 그러나 예전처럼 그것에 목메고, 연연하지 않을 뿐. 그저 정답에 가까워지기 위해 노력하고 있다.

'태양은 비추는 곳이 다를 뿐, 그 열기가 식는 것은 아니다'라는 말을 참 좋아한다. 나 또한, 좋은 사람이 되고 싶은 마음이 사라진 것은 아니다. 다만 저 태양처럼 나의 다른 곳을 비춰 보려고 한다. 가을 하늘에 떠오른 태양이 그 어느 계절보다도 맑게 보이듯 이제 내 마음도 9월과 함께 그 맑은 빛을 받을 준비를 한다.

10월, 풍작이 아니어도 괜찮다

최애리

아버지 밑에서 일하며 감정이 휘몰아칠 때가 많습니다.
그럴수록 의연한 사람이 되는 것을 매일 목표로 삼습니다.
바늘구멍만큼 조금씩 가까워지는 의연함 속에서
어른이 됨을 느끼며, 어린 시절 즐겨 하던 게임 '프린세스
메이커'처럼 스스로를 단단히 길러내며 글을 씁니다.

사람들은 10월을 연말이 가까운 '끝자락'이라 말하지만, 나에게 10월은 시작이다. 휴가철이 지나고, 무더위가 물러가고, 다시 일상으로 돌아와 나에게 집중할 수 있는 계절. 마치 내 인생의 휴가가 끝나고 가을바람처럼 새로운 기운이 스며든 지금이 그렇다.

 처음에는 막막했다. 나 자신에게 집중하는 법을 잊어버린 듯, 습도 높은 여름처럼 숨이 막혔고, 작열하는 태양 아래 가만히 서 있는 것처럼 괴로웠다. 하지만 계절이 바뀌듯, 나도 서서히 변하기 시작했다. 가을의 선선한 공기가 마음속으로 스며들면서, 숨이 트이기 시작했다.

 기질이 그런 건지, 나는 어릴 때부터 외로움이 사무쳤다. 외로움을 넘어 고독했다.

 학창 시절엔 공부에 파묻혀 지냈지만, 성인이 되어서는 공부가 아주 지겨워졌다. 의사나 변호사가 된 것도 아니고, 그만큼 공부한 것도 아닌데 그저 지겨웠다. 도서관에서 혼자 집에 올 때 나던 냄새가 있었다. 쓸쓸하고 외롭던 바람 냄새. 그 냄새가 참 싫었다.

 그래서 언제부터인가 흥밋거리 위주로만 살았고

그땐 외로움을 잊을 수 있었다. 사랑도 있었고, 웃음도 많았지만 나만을 위한 시간은 없었다. 자기 계발은 뒷전이었고, 혼자서 무언가를 시도하는 것에도 익숙하지 않았다.

그러다 어느 순간, 마음속에서 작은 목소리가 들렸다.
'이러면 안 되지.'
숨이 막히듯 답답해졌다. 외로움을 외부에서, 누군가에게서 채우는 것이 아니라 내 안에서 스스로 채워야 하는 것 아닐까 하는 생각이 들었다.
나를 가꿔보자는 생각으로 이것저것 시도하며 하루를 바쁘게 살아가려고 노력했다. 마치 어수선한 여름 휴가철이 끝나고 맑은 가을바람이 부는 10월처럼.

가장 먼저 떠오른 건 책이었다. 독서는 스스로와 나누는 대화라고 하지 않았던가. 영상으로 흘려보던 시간과는 달리, 책은 내 안의 공허함을 채우는 특별한 감각을 선사했고, 줄거리와 인물, 풍경을 상상하는 즐거움이 커졌다.
그 즐거움을 함께 나누고 싶어 독서 모임에 들어갔다. 한 권의 책에서 이렇게 다양한 의견이 나올 수 있다는 사실이 놀라웠다. 서로 다른 환경과 기질, 삶의 방식이 담긴 이야기를 듣다 보면 또 다른 책을 읽는 듯한 깊은 감동이 있었다.

    무엇보다, 그들은 참 솔직했다. 나는 말하지 못한 마음을 그들은 아무렇지 않게 꺼내 놓았다. '나를 잘 아는 사람만이 이렇게 말할 수 있구나.' 싶었다. 솔직함은 곧 자기 이해의 깊이에서 오는 것일지도 모른다.

    그때부터 나도 조금씩 나 자신과의 대화를 시작할 수 있었다. 인간관계에서도 변화를 주기로 했다. 나는 원래 관계에 있어서 염세적이었다. 끊어진 인연에 미련도, 후회도 없었다. 하지만 책 속에서는 다시 만나는 인연도 있고, 친구도 있었다.

'내가 굳이 이렇게 냉정하게 살 필요가 있을까?'

    무시당할까 두려웠지만, 조심스럽게 지난 인연들에게 연락을 해보았고, 고맙게도 모두 반갑게 받아주었다.

    어떤 친구는 두 아이의 엄마가 되어있었고, 어떤 친구는 교사를 그만두고 유학을 떠나 박사 학위를 받고 교수로 돌아와 있었다. 한 친구는 이혼 후 새 삶을 시작했고, 자신만의 커리어를 쌓아가고 있었다.

가장 기억에 남는 친구는 고등학교 동창으로, 수학을 아주 싫어하던 친구였다. 근데 현재 수학 강사가 돼 있더라. "대학만 가면 수학은 거들떠보지도 않겠다"라고 호언장담하던 친구와 한참을 웃으며 이야기를 나눴다.

그 외에도 유튜버가 된 친구, 제법 큰 회사 대표가 된 친구, 카페를 차린 친구 등, 모두 제각각의 삶이 있었다. 속도는 달라도 자기 삶을 열심히 만들어가고 있었다.

나는 그들에게서 '느리게 가도 포기하지 않는 삶'을 배웠다. 그리고 '내 시간도 그렇게 소중하게 다뤄야겠다.'라는 자극을 받았다.

다음으로는 '내가 좋아하는 것'을 찾아보기로 했다. 효율을 중시하던 나는, 늘 실용적인 것을 선택했지만 이번에는 효율이 아닌 즐거움 중심의 선택을 해보고 싶었다. 그래서 평소 좋아하던 빵을 직접 만들어 보기로 했다.

베이킹 수업에 등록했다. 요리는 젬병이라 걱정이 앞섰지만, 그 낯섦이 오히려 설렘이 되었다. 퇴근 후 서로 다른 사연을 가진 사람들이 모여 함께 빵을 만들었다. 어떤 이는 가족에게 건강한 빵을 주고 싶어서, 어떤 이는 창업을 준비하기 위해, 어떤 이는 단순한 힐링을 위해 이 자리에 왔다. 각자 다르게 살아도, 모두 자기만의 방식으로 삶을 돌보고 있었다.

한 번은 빵을 나누는 과정에서 작은 갈등이 있었다. 누군가가 큰 빵만 골라가며 분위기가 흐트러졌다. 나는 속으로
'나이 드신 분들이 오히려 더 이기적이야'라고 생각했다. 그런데 며칠 뒤, 다른 어르신이 말했다.
"요즘 젊은 사람들은 손해 보려 하지 않아. 우리 딸도 그래."
순간, 나는 멈췄다. 내가 어른을 향해 품은 시선이 반대로 나에게도 향하고 있다는 걸 깨달았다. 세대의 경계는 그렇게 쉽게 편견으로 나뉘는 것이었다. 같은 오븐 안에서 각기 다른 반죽이 구워지듯, 우리는 각자의 삶을 익혀가고 있었다.
그날 이후, 베이킹은 단순한 취미가 아닌 나와 타인을 이해하는 연습이 되었다. 그렇게 빵 사이의 온도를 배우고 있다.

나를 채우기 위해 학업도 다시 시작했다. 공대 출신이지만 직장에서는 경영학이 필요했다. 사이버대에 등록하고 1년을 다닌 뒤, 2년을 쉬었다.
다시 복학을 결심했을 땐, 끝없이 망설였다. 중간

고사 전까지도 휴학을 고민했고, 기말고사 기간엔 여행 계획까지 취소했다. 모든 게 버겁게 느껴졌지만, 결국 전체 A+라는 결과를 이뤄냈다.

퇴근 후 지친 몸으로 공부하며, 나는 배웠다. 스스로 선택한 배움은 결과와 상관없이 값진 것이라는 걸. 그리고 도전을 두려워하지 않은 나 자신에게 처음으로 박수를 보내고 싶어졌다.

누군가는 책을 읽고 자신을 돌아보고, 누군가는 자신의 속도에서 새로운 길을 개척해 나가며, 또 누군가는 퇴근하고 새로운 배움을 시작한다. 이는 모두 '나'를 가꾸고 채우는 과정이다.

물론 체력이 바닥나는 날도 있을 것이다. 공부가 버겁고, 후회할 때도 있을 것이다. 그래도 괜찮다. 느리더라도 가고 있으니까.

나는 원래 10월을 가장 좋아한다. 덥지도 춥지도 않고, 선선하고 맑은 계절. 사람들이 바쁘게 움직이고, 삶이 활기를 되찾는 계절.

벼는 가을을 맞이하며 '열심히 자랐으니 풍작일 거야.'라는 기대를 품지 않는다. 비가 오고 태풍이 불고 그늘이 져도 그저 하루하루 충실히 자랄 뿐이다. 그

해가 풍년일지 흉년일지 알 수 없지만, 벼는 멈추지 않는다.

나 역시 그렇다. 결과가 기대에 미치지 않더라도, 때론 체력이 바닥나고 힘에 부칠지라도 괜찮다. 나는 오늘도 매일을 살아내고 있으니까.

그래서 지금, 내 삶은 10월이다.

11월, 어둠과 빛

가로수등
음악과 글쓰기를 통해 마음을 어루만져 왔으며
사회에서의 경험을 거쳐 현재는 간호대 학생으로서
상처받은 이들을 치유하고자 합니다.
빛을 잃은 나무가 끝까지 빛나려 애쓰듯, 저 또한
희망을 놓지 않는 모습으로 위로를 전하고자 합니다.

11월의 아침은 유독 느리다. 해는 천천히 떠오르고, 사람들의 걸음도 어딘가 여유롭다. 핸드폰 알람 소리가 부드러운 꿈결을 걷어낼 때까지 나는 이불 속에서 몸을 한 번 더 웅크린다. 침대에 누워 다 뜨지 못한 눈으로 창밖을 본다. 창틀에 맺힌 작은 물방울, 앙상한 나뭇가지에 걸린 회색빛 하늘, 그리고 그 아래로 조용히 움직이는 사람들의 실루엣. 이 순간은 '내가 살아있다'는 것을 실감하게 해주는 소중한 하루의 시작이다.

창문을 열면 훅 밀려드는 차가운 공기는 얼굴을 시리게 하지만, 폐 속 깊숙이 스며들며 텅 비었던 마음을 채워주는 듯하다. 이 공기는 사람의 마음을 조용하게 만든다. 괜히 혼자 있는 시간을 찾게 되고, 음악도 조금 더 느린 템포를 고르게 된다. 그래서 나는 11월이 좋다. 사람의 감정을 천천히, 조용히 불러내기 때문이다.

나의 일상은 소란스럽지 않지만, 그 안에는 나를 지탱하는 견고한 뿌리가 있다. 숨 쉬듯 당연하게 반복되는 이 시간 속에서 나는 존재의 의미를 찾고, 나를 둘러싼 모든 것을 새롭게 정의한다. 평범함 속에 숨겨진 나만의 서사를 찾아가는 일, 그것이 바로 내가 '일상'을 이야기하는 이유다.

나는 한때 세상의 모든 빛을 삼키려는 듯 반짝이던 아이였다. 작은 풀꽃 하나에도 말을 걸고, 하늘을 나는 새를 보며 넓은 세상으로 날아가리라 꿈꾸던 시절도 있었다. 하지만 그 빛은 거대한 그림자에 가려졌다.

뛰놀던 공원은 더 이상 안전한 공간이 아니었고, 웃음소리 대신 숨죽인 울음소리가 내 마음을 채웠다. 세상의 색깔이 탁해지기 시작했고, 나는 뛰놀던 날개 대신 깊은 어둠 속으로 숨어드는 법을 먼저 배웠다.

친구라고 부를 수 있는 사람은 없었고, 오로지 나 혼자 버텨내야 했다. 학교에서는 조용히 엎드려 있었고, 가방을 멘 채 비를 맞으며 혼자 걸었다.

끊임없이 재생되는 악몽 같은 기억 속에서, 나는 '오늘만, 오늘만 참자' 그렇게 스스로를 속이며 하루를 버텨냈다. 운동장에서 단체로 맞았던 날도 울지 않았다. 여러 명이 나를 둘러싸고 욕하고, 밀치고, 때렸다. 차가운 흙바닥에 넘어지고 옷이 찢어졌지만, 나는 울지 않았다. 울면 더 비참해질 것 같았고, 참는 것이 내가 할 수 있는 유일한 저항이었다. 아무도 모르는 그 시간 속에서, 나는 하루하루를 기어이 살아냈다.

숨통을 조여오는 외로움과 절망은 밤마다 나를 괴롭혔다. 모두가 잠든 시간, 오직 나와 내 생각만이 방을 채웠다. 침묵은 나를 때렸고, 기억은 칼처럼 예리했다. 누군가 내 이름을 욕하듯 부르던 날, 가방을 쓰레기통에 던져놓고 키득거리던 얼굴들, 내 책상 서랍을 뒤져 메모지를 훔쳐 가던 손, 내가 무언가를 말하려 하면 "너는 말하지 마"라며 가로막던 그 눈빛. 그 모든 장면이 악몽처럼 끊임없이 재생됐다.

숨이 막혔다. 방은 그대로인데, 내 마음은 허우적거렸다. 견디기 힘든 감정의 파도 속에서 나는 부서질 것만 같았다. 마음이 고통으로 가득 찼을 때, 나는 그 감정을 구체적인 통증으로 바꿔내야만 겨우 살아 있다는 것을 확인할 수 있었다. 처음엔 커터칼이었다. 작고 날카로운 그 물건이 내 방 책상 서랍 가장 안쪽에 늘 있었다. 비상시를 대비한 것처럼. 누군가에게 들키지 않도록 항상 감춰뒀다. 그것만 보면 마음이 이상하게 차분해졌고, 그날이 올 때까지 나는 조용히 기다렸다. 때로는 플라스틱 뚜껑, 물병처럼 딱딱한 물건을 부수기도 했다. 그렇게 깨진 조각 중 뾰족한 것을 골라 손바닥을 그었다.

손바닥을 그을 때의 고통은 날카롭지만 짧았다. 잠시나마 복잡한 생각이 멈추고 마음속에서 웅크리고 있던 무언가가 조용해지는 듯했다. 하지만 그 평온은 오래가지 않았다. 피가 흐르며 생기는 묘한 안도감 뒤에는 언제나 더 깊은 허무가 밀려왔다. 나를 찌르는 손끝과 칼날은 내 몸뿐 아니라 마음의 가장 연약한 부분을 끊어내려 했다.

걸레 빤 물에 내 머리를 억지로 집어넣었던 날을 잊을 수 없다. 막 쓰고 나서 한참 동안 헹구지 않은 듯 텁텁하고 차가웠다. 얼굴이 물속에 잠기자 순간 숨이 막혔고 세상이 흔들렸다. 몸부림쳤지만 손발은 묶인 듯 무기력했고 고개를 들 수 없었다. 그 차가운 물이 머리카락과 얼굴을 감싸며 숨을 쉴 수 없는 고통이 가슴까지 차오르는 순간이었다. 그 순간 느꼈던 공포와 무력감은 아직도 잊히지 않는다. 물속에서 간절히 허우적거리며 '왜 나에게 이런 일이 일어나는 걸까'하는 절망감이 밀려왔다. 그 경험은 내 마음 깊은 곳에 상처로 남아 지금도 나를 조용히 아프게 만든다.

차가운 손길과 함께 등에 칼이 꽂혔던 경험도 있다. 칼끝이 등뼈 가까이 파고들었지만, 간신히 신경은 비껴갔다. 그러나 찌르는 순간의 고통은 몸뿐 아니라 마음 깊숙한 곳까지 파고들었다. 숨이 멎는 듯

했고 머리는 어지러웠으며 온몸이 얼어붙은 듯 차가워졌다. 퍼져 나가는 얼얼한 통증 속에서, 나는 그날의 상처가 단순한 물리적 상처가 아니라는 걸 직감했다. 그것은 누군가가 내 존재를 부정하듯 남긴 깊은 상처였고, 마음 한곳에 아릿하게 남아 오래도록 나를 괴롭혔다. 밤마다 그날의 장면이 떠올랐고, 눈을 뜨면 식은땀으로 베개가 젖어 있었다.

그 시절, 내 가장 친한 친구는 컴퓨터 속 게임 캐릭터였다. 말도 없고, 판단도 하지 않는 존재. 그 안에서만큼은 누구도 나를 괴롭히지 않았고, 잠깐이나마 상황을 잊을 수 있었다. 키보드를 두들기는 소리만이 방을 가득 채웠고, 그 소리가 나의 울음을 대신했다. 나는 그 게임 속에서 누구보다 강해졌고, 아무도 건드리지 못하는 존재가 되었다. 그것은 현실의 나를 위한 작은 방패이자, 잠시나마 숨 쉴 수 있는 도피처였다.

세상이 온통 회색빛으로 물들었던 그때. 도서관 가장 구석진 자리에서 먼지 쌓인 책을 한 권씩 읽어 나갔다. 역사 소설 속의 영웅들은 온갖 역경 속에서도 포기하지 않았고, 시집 속의 언어들은 내 상처를 어루만져주었다. 특히 마음 깊이 스며든 것은 한 권의 에세이였다. 응급의학과 선생님이 쓰신 그 책은 응급실 이야기뿐 아니라, 삶 속에서 겪었던 자신과 비슷한 아픔을 솔직하게 고백하며 그 시간이 결코 헛되지 않았음을 담담하게 이야기했다. 그 글을 읽으면서 나는 아픔이 나만의 이야기가 아님을 깨달았다. 세상에는 나와 같은 아픔을 겪는 사람들이 존재하고, 그들도 각자의 방식으로 삶을 살아내고 있었다. 그 깨달음은 나에게 커다란 용기를 주었다.

하지만 오랜 시간 사람을 피해왔던 내가, 과연 사람을 돕는 일을 할 수 있을까 하는 두려움이 마음 한쪽에 자리 잡았다. '누군가에게 도움이 되고 싶다'는 따뜻한 마음과 '내가 과연 해낼 수 있을까'하는 차가운 불안감이 뒤섞이며 혼란스러웠다.

매일 밤 침대에 누워 수없이 고민했다. 내가 겪은 고통이 또 다른 사람에게는 다가가지 않기를 바라는 마음이, 간호학과에 진학하는 필연적인 길을 열어주었다. 나는 단순히 치료 기술을 배우는 것을 넘어, 사람의 마음을 어루만지고, 절망 속에 있는 사람의 손을 잡아줄 수 있는 사람이 되고 싶었다. 간호사는 그런 나의 바람을 실현할 수 있는 가장 직접적인 길처럼 느껴졌다.

간호학은 나에게 단순한 학문이 아니었다. 그것은

인간의 몸과 마음을 이해하는 법을 배우는 동시에, 나 자신을 깊이 들여다보는 과정이었다. 나는 '인체 구조와 기능' 교과서를 보며 인간의 몸이 얼마나 복잡하고 정교한지를 배웠다. 심장이 뛰고 혈액이 순환하는 기전을 배우며, 내 몸이 얼마나 많은 고통 속에서도 묵묵히 버텨왔는지를 새삼 깨달았다. 마음이 무너지면 신체도 무너진다는 것을 이론으로만 배운 것이 아니라, 이미 내 삶으로 겪어냈다는 사실에 나는 전율했다. 나의 트라우마는 비극이 아니라, 이 모든 지식을 살아 있는 경험으로 연결해주는 가장 강력한 도구가 되었다.

간호학과에 진학하고 얼마 지나지 않아 나에게는 새로운 변화가 찾아왔다. 기숙사 생활을 시작하며 처음 만난 20살의 동생과 함께 지내면서 나는 새로운 인연들을 만날 수 있었다.

특히 친해진 형과 함께 드론을 날리며 하늘을 마음껏 유영하는 시간을 보냈다. 기숙사에서 기타를 치고 함께 웃으며, 그 소중한 순간들을 담아 음악을 녹음하기도 했다. 늦은 시각에는 지하 1층에서 몰래 배달 음식을 시켜 먹기도 했다. 형 덕분에 그 주변의 형, 누나, 친구들을 알게 되었고, 나는 그들과 어울리며 밥을 먹고, 무슨 일이 있으면 서로의 고민을 들어주며 운동도 함께했다.

과거에는 상상조차 할 수 없었던 평범하고 따뜻한 일상이었다. 그들과 함께 쌓은 추억들은 나를 둘러싼 차가운 벽을 허물어주었고, 나는 처음으로 소속감이라는 것을 느낄 수 있었다.

불안과 두려움이 완전히 사라진 건 아니지만, 이제는 그 감정들을 마주하고 끌어안을 줄 알게 되었다. 나의 약함이 때로는 타인을 이해하는 가장 큰 힘이 될 수 있음을 믿으며, 어두운 면 또한 나를 이루는 한 부분이 되었음을 받아들인다.

아직 내 삶은 완벽하게 치유된 것은 아닐지 모른다. 하지만 나는 이제 어둠 속에서 빛을 찾는 법을 배웠고, 그 빛을 다른 이들에게도 나누어줄 수 있게 되었다. 간호과라는 이름 아래 많은 것을 배워가는 나날 속에서 나는 '사람'을 배우고, '인내'를 배우며, 때때로 '우울감'을 견뎌낸다. 괴롭거나, 외롭거나, 혹은 행복하거나. 이 모든 감정이 모여 매일의 나를 조금씩 다르게 빚어간다. 그리고 이 모든 파편 위에서 나는 다시 태어났다. 아픔 속에서 찾아낸 나의 진정한 모습이 세상을 이해하고 나를 사랑하는 빛이 되었기에, 나는 오늘을 살아간다.

11월의 차가운 공기가 폐 속을 채우듯, 과거의 아픔은 내 마음을 채우고 나를 완성했다. 이 모든 과정이 나를 더 단단하게 만들었기에, 앞으로도 나의 모든 순간을 사랑할 수 있을 것이다. 그리고 나를 둘러싼 모든 사람들의 온기가 내게 주는 위로를 잊지 않을 것이다. 그 온기 덕분에 나는 빛을 찾을 수 있었다. 그리고 이 빛은 내일의 나를 더욱 선명하게 비출 것이다.

12월, '나'의 이야기

이번엔 색 없는 투명한 12월의 차를 맛볼 시간이다. 호기심 가득한 손으로 찻잔을 들었다. 그런데 웬걸. 아무 맛이 없다. 그냥 물이다.

"사장님, 이건 무슨 차인데 이런 맛일까요?"

사장님은 흐뭇한 미소를 짓고는 답했다.

"사실, 아직 12월은 이야기를 넣지 못했어요. 1년 열두 달의 차는 아직 미완성이지요."

잔뜩 기대하게 만들어 놓으시고는 이게 무슨 말인가.

"그래서 그러는데, 손님의 이야기를 12월로 만들면 어떨까 합니다. 저와 같이 1년의 마지막 맛을 완성해 보지 않으시겠어요?"

열두 달과 같은 열두 가지의 차. 다채로운 맛처럼 우리는 살면서 많은 얼굴을 가지고 살아간다. 집에서의 나, 사회생활 하는 나, 친구들과 있을 때의 나. 모두 같은 '나'이지만 엄연히 조금씩 다른 모습이다.

누구와 있는지, 어디에 있는지보다 시간에 따라 우리 얼굴은 더 달라진다. 1월은 새로운 나를 위한 다짐으로 힘이 넘치는 얼굴을 했다면 2월에는 다가오는 봄과 아직 끝나지 않은 겨울 사이에서 혼란을 느끼기도 한다. 3월에는 새 학기를 맞아 긴장이 잔뜩 묻어나면서도 한편으로는 설레기도 한다. 4월, 5월, 6월…. 그렇게 12월이 되면 우리는 12개의 각기 다른 얼굴로 1년을 보내온다. 여러 얼굴로 보낸 1년이지만 언제나 나는 '나'이다. 그 1년은 결국 내가 '살아온 시간이자, 살아낸 시간'이니까.

한 해를 보내면서도 새로운 해를 맞이할 준비를 하는 12월. 나의 어떤 이야기를 넣으면 좋을까? 방금 맛본 1월부터 11월까지 주인공들의 서사를 곱씹으면 도움이 될지도 모르겠다. 나는 다시 사색에 잠겨 창밖을 바라본다.